ŒUVRES

de

VICTOR HUGO

DE L'ACADÉMIE FRANÇAISE

NOUVELLE ÉDITION, ORNÉE DE VIGNETTES
ET AUGMENTÉE DE « LA LÉGENDE DES SIÈCLES »

LE RHIN

LETTRES A UN AMI

TOME III

PARIS

Vve A^{dre} HOUSSIAUX, ÉDITEUR
HÉBERT ET Cie, SUCCESSEURS

7, RUE PERRONET, 7

1875

OEUVRES
DE
VICTOR HUGO
—
LE RHIN

PARIS. — IMPRIMERIE DE E. MARTINET, RUE MIGNON, 2

OEUVRES
DE
VICTOR HUGO
DE L'ACADÉMIE FRANÇAISE

NOUVELLE ÉDITION, ORNÉE DE VIGNETTES
ET AUGMENTÉE DE « LA LÉGENDE DES SIÈCLES »

LE RHIN
LETTRES A UN AMI
TOME III

PARIS
Vᵛᵉ Aᵈʳᵉ HOUSSIAUX, ÉDITEUR
HÉBERT ET Cⁱᵉ, SUCCESSEURS
7, RUE PERRONET, 7

1875

1839

LETTRE XXIX

Sonneck.

LETTRE XXIX

STRASBOURG

Ce qu'on voit d'une fenêtre de la *maison Rouge*. — Parallèle entre le postillon badois et le postillon français, où l'auteur ne se montre pas aveuglé par l'amour-propre national. — Une nuit horrible. — Nouvelle manière d'être tiré à quatre chevaux. — Description complète et détaillée de la ville de Sézanne. — Peinture approfondie et minutieuse de Phalsbourg. — Vitry-sur-Marne. — Bar-le-Duc. — L'auteur fait des platitudes aux naïades. — Tout être a l'odeur de ce qu'il mange. — Théorie de l'architecture et du climat. — Haute statistique à propos des confitures de Bar. — L'auteur songe à une chose qui faisait la joie d'une enfant. — Paysages. — Ligny. — Toul. — La cathédrale. — L'auteur dit son fait à la cathédrale d'Orléans. — Nancy. — Croquis galant de la place de l'Hôtel de ville. — Théorie et apologie du rococo. — Réveil en malle-poste au point du jour. — Vision magnifique. — La côte de Saverne. — Paragraphe qui commence dans le ciel et qui finit dans un plat à barbe. — Les paysans. — Les rouliers. — Wasselonne. — La route tourne. — Apparition du Munster.

Strasbourg, août.

Me voilà à Strasbourg, mon ami. J'ai ma fenêtre ouverte sur la place d'Armes. J'ai à ma droite un bouquet d'arbres, à ma gauche le Munster, dont les cloches sonnent à toute volée en ce moment, devant moi au fond de la place une maison du seizième siècle, fort belle, quoique badigeonnée en jaune avec contrevents verts; derrière cette maison, les hauts pignons d'une vieille nef où est la bibliothèque de la ville; au milieu de la place, une baraque en bois d'où sortira, dit-on, un monument pour Kléber; tout autour, un cordon de vieux toits assez pittoresques; à quelques pas de ma fenêtre, une lanterne-potence au pied de laquelle baragouinent quelques gamins allemands, blonds et ventrus. De temps en temps, une svelte chaise de poste anglaise, calèche ou landau, s'arrête devant la porte de la *maison Rouge*, — que j'habite, — avec son postillon badois. Le postillon badois est charmant : il a une veste jaune vif, un chapeau noir verni à large galon d'argent, et porte en bandoulière un petit cor de chasse avec une énorme touffe de glands rouges au milieu du dos. Nos postillons, à nous, sont hideux; le postillon de Longjumeau est un mythe; une vieille blouse crottée avec un affreux bonnet de coton, voilà le postillon français. Maintenant, sur le tout, postillon badois, chaise de poste; gamins allemands, vieilles maisons, arbres, baraques et clocher, posez un joli ciel mêlé de bleu et de nuages, et vous aurez une idée du tableau.

J'ai eu, du reste, peu d'aventures; j'ai passé deux nuits en malle-poste, ce qui m'a donné une haute idée de la solidité de notre machine humaine. C'est une horrible chose qu'une nuit en malle-poste. Au moment du départ tout va bien, le postillon fait claquer son fouet, les grelots des chevaux babillent joyeusement, on se sent dans une situation étrange et douce, le mouvement de la voiture donne à l'esprit de la gaieté et le crépuscule de la mélancolie. Peu à peu la nuit tombe, la conversation des voisins languit, on sent ses paupières s'alourdir, les lanternes de la malle s'allument, elle relaye, puis repart comme le vent; il fait tout à fait nuit, on s'endort : c'est précisément ce moment-là que la route choisit pour devenir affreuse; les bosses et les fondrières s'enchevêtrent; la malle se met à danser. Ce n'est plus une route, c'est une chaîne de montagnes avec ses lacs et ses crêtes, qui doit faire des horizons magnifiques aux fourmis. Alors deux mouvements contraires s'emparent de la voiture et la secouent avec rage comme deux énormes mains qui l'auraient empoignée en passant : un mouvement d'avant en arrière et d'arrière en avant, et un mouvement de gauche à droite et de droite à gauche, — le tangage et le roulis. Il résulte de cette heureuse complication que toute secousse se multiplie par elle-même à la hauteur des essieux, et qu'elle monte à la troisième puissance dans l'intérieur de la voiture; si bien qu'un caillou gros comme le poing vous fait cogner huit fois de suite la tête au même endroit, comme s'il s'agissait d'y enfoncer un clou. C'est charmant. A dater de ce moment-là, on n'est plus dans une voiture, on est dans un tourbillon. Il semble que la malle soit entrée en fureur. La confortable malle inventée par M. Conte se métamorphose en une abominable patache, le fauteuil Voltaire n'est plus qu'un infâme tape-cul. On saute, on danse, on rebondit, on rejaillit contre son voisin, — tout en dormant. Car c'est là le beau de la chose, on dort. Le sommeil vous tient d'un côté, l'infernale voiture de l'autre. De là un cauchemar sans pareil. Rien n'est comparable aux rêves d'un sommeil cahoté. On dort et l'on ne dort pas, on est tout à la fois dans la réalité et dans la chimère. C'est le rêve amphibie. De temps en temps on entr'ouvre la paupière. Tout a un aspect difforme, surtout s'il pleut, comme il faisait l'autre nuit. Le ciel est noir, ou plutôt il n'y a pas de ciel, il semble qu'on aille éperdument à travers un gouffre; les lanternes de la voiture jettent une lueur blafarde qui rend monstrueuse la croupe des chevaux; par intervalles, de farouches tignasses d'ormeaux apparaissent brusquement dans la clarté, et s'évanouissent; les flaques d'eau pétillent et frémissent sous la pluie comme une friture dans la poêle; les buissons prennent des airs accroupis et hostiles; les tas de pierres ont des tournures de cadavres gisants; on regarde vaguement; les arbres de la plaine ne sont plus des arbres; ce sont des géants hideux qu'on croit voir s'avancer lentement vers le bord de la route; tout vieux mur ressemble à une énorme mâchoire édentée. Tout à coup un spectre passe en étendant les bras. Le jour, ce serait tout bonnement le poteau du chemin, et il vous dirait honnêtement : *Route de Coulommiers à Sézanne*. La nuit, c'est une larve horrible qui semble jeter une malédiction au voyageur. Et puis, je ne sais pourquoi on a l'esprit plein d'images de serpents; c'est à croire que des couleuvres vous rampent dans le cerveau; la ronce siffle au bord du talus comme une poignée d'aspics; le fouet du postillon est une vipère volante qui suit la voiture et cherche à vous mordre à travers la vitre : au loin, dans la brume, la ligne des collines ondule comme le ventre d'un boa qui digère, et prend dans les grossissements du sommeil la figure d'un dragon prodigieux qui entourerait l'horizon. Le vent râle comme un cyclope fatigué, et vous fait rêver à quelque ouvrier effrayant qui travaille avec douleur dans les ténèbres. — Tout vit de cette vie affreuse que les nuits d'orage donnent aux choses.

Les villes qu'on traverse se mettent aussi à danser, les rues montent et descendent perpendiculairement, les maisons se penchent pêle-mêle sur la voiture, et quelques-unes y regardent avec des yeux de braise. Ce sont celles qui ont encore des fenêtres éclairées.

Vers cinq heures du matin, on se croit brisé; le soleil se lève, on n'y pense plus.

Voilà ce que c'est qu'une nuit en malle-poste, et je vous parle ici des nouvelles malles, qui sont d'ailleurs d'excellentes voitures le jour, quand la route est bonne, — ce qui est rare en France.

Vous pensez bien, cher ami, qu'il me serait difficile de vous donner idée d'un pays parcouru de cette manière. J'ai traversé Sézanne, et voici ce qui m'en reste : une longue rue délabrée, des maisons basses, une place avec une fontaine, une boutique ouverte où un homme éclairé d'une chandelle rabote une planche. J'ai traversé Phalsbourg, et voici ce que j'en ai gardé : un bruit de chaînes et de ponts-levis, des soldats regardant avec des lanternes, et de noires portes fortifiées sous lesquelles s'engouffrait la voiture.

De Vitry-sur-Marne à Nancy, j'ai voyagé au jour.

Je n'ai rien vu de bien remarquable. Il est vrai que la malle-poste ne laisse rien voir.

Vitry-sur-Marne est une place de guerre rococo. Saint-Dizier est une longue et large rue bordée çà et là de belles maisons Louis XV en pierres de taille. Bar-le-Duc est assez pittoresque; une jolie rivière y passe. Je suppose que c'est l'Ornain : mais je n'affirme rien en fait de rivière, depuis qu'il m'est arrivé de soulever toute la Bretagne pour avoir confondu la Vilaine avec le Couesnon. Les naïades sont susceptibles, et je ne me soucie pas de me colleter avec des fleuves aux cheveux verts. Mettez donc que je n'ai rien dit.

A propos, j'ai fait tout ce voyage accosté d'un brave notaire de province qui a son officine dans je ne sais plus quelle petite ville du Midi, et qui và passer ses vacances à Bade, *parce que*, dit-il, *tout le monde va à Bade*. Aucune conversation possible, bien entendu. Ce digne tabellion sent le papier timbré comme le lapin de clapier sent le chou.

Du reste, comme le voyage rend causeur, j'ai essayé de l'entamer de cent façons pour voir si je le trouverais *mangeable*, comme parle Diderot. Je l'ai ébréché de tous les côtés, mais je n'ai rien pu casser qui ne fût stupide. Il y a beaucoup de gens comme cela. J'étais comme ces enfants qui veulent à toute force mordre dans un faux bonbon : ils cherchent du sucre, ils trouvent du plâtre.

La ville de Bar est dominée par un immense coteau vignoble qui est tout vert en août, et qui, au moment où j'y passais, s'appuyait sur un ciel tout bleu. Rien de cru dans ce bleu et dans ce vert, qu'enveloppait chaudement un rayon de soleil. Aux environs de Bar-le-Duc la mode est que les maisons de quelque prétention aient, au lieu de porte bâtarde, un petit porche en pierre de taille, à plafond carré, élevé sur perron. C'est assez joli. Vous savez que j'aime à noter les originalités des architectures locales, je vous ai dit cela cent fois, quand l'architecture est naturelle et non frelatée par les architectes. Le climat s'écrit dans l'architecture. Pointu, un toit prouve la pluie; plat, le soleil; chargé de pierres, le vent.

Du reste, je n'ai rien remarqué à Bar-le-Duc, si ce n'est que le courrier de la malle y a commandé quatre cents pots de confitures pour sa vente de l'année, et qu'au moment où je sortais de la ville il y entrait un vieux cheval éclopé, qui s'en allait sans doute chez l'équarrisseur. Vous souvient-il de ce fameux *saval* de notre douce enfant, de notre chère petite D., lequel est resté si longtemps exposé à tous les ouragans et fondant sous toutes les pluies, dans un coin du balcon de la place Royale, avec un nez en papier gris, ni oreilles ni queue, et plus rien que trois roulettes? C'est mon pauvre cheval de Bar-le-Duc.

De Vitry à Saint-Dizier le paysage est médiocre. Ce sont de grosses croupes à blé, tondues, rousses, d'un aspect maussade en cette saison. Plus de laboureurs, plus de moissonneurs, plus de glaneuses marchant pieds nus, tête baissée, avec une maigre gerbe sous le bras. Tout est désert. De temps en temps un chasseur et un chien d'arrêt, immobiles au haut d'une colline, se dessinent en silhouette sur le clair du ciel.

On ne voit pas les villages; ils sont blottis entre les collines, dans de petites vallées vertes au fond desquelles coule presque toujours un petit ruisseau. Par instants on aperçoit le bout d'un clocher.

Une fois, ce bout de clocher m'a présenté un aspect singulier. La colline était verte; c'était du gazon. Au-dessus de cette colline, on ne voyait absolument rien que le chapeau d'étain d'une tour d'église, lequel semblait posé exactement sur le haut du coteau. Ce chapeau était de forme flamande. (En Flandre, dans les églises de village, le clocher a la forme de la cloche.) Vous voyez cela d'ici : un immense tapis vert sur lequel on eût dit que Gargantua avait oublié sa sonnette.

Après Saint-Dizier la route est agréable. Une fraîche chevelure d'arbres se répand de tous les côtés, les vallons se creusent, les collines s'efflanquent et prennent par moments un faux air de montagnes. Ce qui aide à l'illusion, c'est que parfois, et malgré le joli aspect, la terre est maigre, le haut des collines est malade et pelé. On sent que la terre n'a pas la force de pousser sa séve jusque-là. Cela ne grandit les collines qu'en apparence, mais enfin cela les grandit.

Une jolie ville, c'est Ligny. Trois ou quatre collines en se rencontrant ont fait une vallée en étoile. Les maisons de Ligny sont toutes entassées au fond de cette vallée, comme si elles avaient glissé du haut des collines. Cela fait une petite ville ravissante à voir ; et puis il y a une jolie rivière et deux belles tours en ruine. Ces collines sont charmantes : elles ont l'obligeance de forcer la malle-poste à monter au pas, si bien que j'ai pu descendre, suivre la voiture à pied et voir la ville.

J'ai des doutes à l'endroit de la cathédrale de Toul. Je la soupçonne d'avoir quelque affinité avec la cathédrale d'Orléans, cette odieuse église qui de loin vous fait tant de promesses, et qui de près n'en tient aucune. Cependant j'ai moins mauvaise idée de l'église de Toul; il est vrai que je ne l'ai pas vue de près. Toul est dans une vallée, la malle y descend au galop; le soleil se couchait, il jetait un admirable rayon horizontal sur la façade de la cathédrale; l'édifice a un aspect de vétusté singulière, il a de la masse, c'était très-beau. En appro-

chant j'ai cru voir qu'il y avait au moins autant
de délabrement que de vieillesse, que les tours
étaient octogones, ce qui m'a déplu, et qu'elles
étaient surmontées d'une balustrade pareille au
couronnement des tours d'Orléans, ce qui m'a cho-
qué. Cependant je ne condamne pas la cathédrale
de Toul. Vue par l'abside, elle est assez belle. Au
moment où nous passions le pont de Toul, mon
compagnon de voyage m'a demandé si la maison de
Lorraine n'était pas la même chose que la maison
de Médicis.

Nancy, comme Toul, est dans une vallée, mais
dans une belle, large et opulente vallée. La ville
a peu d'aspect; les clochers de la cathédrale sont
des poivrières Pompadour. Cependant je me suis
réconcilié avec Nancy, d'abord parce que j'y ai
dîné, et j'avais grand'faim; ensuite parce que la
place de l'Hôtel de ville est une des places rococo
les plus jolies, les plus gaies et les plus complètes
que j'aie vues. C'est une décoration fort bien faite
et merveilleusement ajustée avec toutes sortes de
choses qui sont bien ensemble et qui s'entr'aident
pour l'effet : des fontaines en rocaille, des bosquets
d'arbres taillés et façonnés, des grilles de fer
épaisses, dorées et ouvragées, une statue du roi
Stanislas, un arc de triomphe d'un style tourmenté
et amusant, des façades nobles, élégantes, bien
liées entre elles et disposées selon des angles intelli-

gents. Le pavé lui-même, fait de cailloux pointus, est à compartiments comme une mosaïque. C'est une place marquise.

J'ai vraiment regretté que le temps me manquât pour voir en détail à mon aise cette ville toute dans le style de Louis XV. L'architecture du dix-huitième siècle, quand elle est riche, finit par racheter son mauvais goût. Sa fantaisie végète et s'épanouit au sommet des édifices en buissons de fleurs si extravagantes et si touffues, que toute colère s'en va et qu'on s'y acoquine. Dans les climats chauds, à Lisbonne, par exemple, qui est aussi une ville rococo, il semble que le soleil ait agi sur cette végétation de pierre comme sur l'autre végétation. On dirait qu'une séve a circulé dans le granit; elle s'y est gonflée, s'y est fait jour et jette de toutes parts de prodigieuses branches d'arabesques qui se dressent enflées vers le ciel. Sur les couvents, sur les palais, sur les églises, l'ornement jaillit de partout, à tout propos, avec ou sans prétexte. Il n'y a pas à Lisbonne un seul fronton dont la ligne soit restée tranquille.

Ce qui est remarquable, et ce qui achève d'assimiler l'architecture du dix-huitième siècle à une végétation, j'en faisais encore l'observation à Nancy en côtoyant la cathédrale, c'est que, de même que le tronc des arbres est noir et triste, la partie inférieure des édifices Pompadour est nue, morose, lourde et lugubre. Le rococo a de vilains pieds.

J'arrivais à Nancy dimanche à sept heures du soir; à huit heures la malle repartait. Cette nuit a été moins mauvaise que la première. Étais-je plus fatigué? La route était-elle meilleure? Le fait est que je me suis cramponné aux brassières de la voiture et que j'ai dormi. C'est ainsi que j'ai vu Phalsbourg.

Vers quatre heures du matin, je me suis réveillé. Un vent frais me frappait le visage; la voiture, lancée au grand galop, penchait en avant: nous descendions la fameuse côte de Saverne.

C'est là une des belles impressions de ma vie. La pluie avait cessé, les brumes se dispersaient aux quatre vents, le croissant traversait rapidement les nuées et par moments voguait librement dans un trapèze d'azur comme une barque dans un petit lac. Une brise, qui venait du Rhin, faisait frissonner les arbres au bord de la route. De temps en temps ils s'écartaient et me laissaient voir un abîme vague et éblouissant; au premier plan, une futaie sous laquelle se dérobait la montagne; en bas, d'immenses plaines avec des méandres d'eau reluisant comme des éclairs; au fond, une ligne sombre, confuse et épaisse, — la forêt Noire, — tout un panorama magique entrevu au clair de la lune. Ces spectacles inachevés ont peut-être plus de prestige encore que les autres. Ce sont des rêves qu'on touche et qu'on regarde. Je savais que j'avais sous les yeux la France, l'Allemagne et la Suisse, Strasbourg avec sa flèche, la forêt Noire avec ses montagnes, le Rhin avec ses détours ; je cherchais tout, je supposais tout, et je ne voyais rien. Je n'ai jamais éprouvé de sensation plus extraordinaire. Mêlez à cela l'heure, la course, les chevaux emportés par la pente, le bruit violent des roues, le frémissement des vitres abaissées, le passage fréquent des ombres des arbres, les souffles qui sortent le matin des montagnes, une sorte de murmure que faisait déjà la plaine, la beauté du ciel, et vous comprendrez ce que je sentais. Le jour, cette vallée émerveille ; la nuit, elle fascine.

La descente se fait en un quart d'heure. Elle a cinq quarts de lieue. — Une demi-heure plus tard, c'était le crépuscule ; l'aube à ma gauche étamait le bas du ciel, un groupe de maisons blanches couvertes de tuiles noires se découpait au sommet d'une colline, le véritable azur du jour commençait à déborder l'horizon, quelques paysans passaient déjà allant à leurs vignes, une lumière claire, froide et violette luttait avec la lueur cendrée de la lune, les constellations pâlissaient, deux des Pléiades avaient disparu, les trois chevaux du Chariot descendaient rapidement vers leur écurie

aux portes bleues, il faisait froid, j'étais gelé, il
a fallu lever les vitres. Un moment après le soleil
se levait, et la première chose qu'il me montrait,
c'était un notaire de village faisant sa barbe à sa
fenêtre, le nez dans un miroir cassé, sous un rideau
de calicot rouge.

Une lieue plus loin, les paysans devenaient pittoresques, les rouliers devenaient magnifiques; j'ai
compté à l'un d'eux treize mulets attelés de chaînes
largement espacées. On sentait l'approche de Strasbourg, la vieille ville allemande.

Tout en galopant nous traversions Wasselonne,
long boyau de maisons étranglé dans la dernière
gorge des Vosges du côté de Strasbourg. Là, je
n'ai pu qu'entrevoir une singulière façade d'église
surmontée de trois clochers ronds et pointus, juxtaposés, que le mouvement de la voiture a brusquement apportée devant ma vitre et tout de suite
remportée en la cahotant comme une décoration de
théâtre.

Tout à coup, à un tournant de la route, une
brume s'est enlevée, et j'ai aperçu le Munster. Il
était six heures du matin. L'énorme cathédrale,
le sommet le plus haut qu'ait bâti la main de
l'homme après la grande pyramide, se dessinait
nettement sur un fond de montagnes sombres
d'une forme magnifique, dans lesquelles le soleil
baignait çà et là de larges vallées. L'œuvre de Dieu

faite pour les hommes, l'œuvre des hommes faite pour Dieu, la montagne et la cathédrale, luttaient de grandeur.

Je n'ai jamais rien vu de plus imposant.

LETTRE XXX

LETTRE XXX

STRASBOURG

La cathédrale.— La façade.—L'abside.— L'auteur s'exprime avec une extrême réserve sur le compte de son éminence monseigneur le cardinal de Rohan, évêque de Strasbourg.— Les vitraux.— La chaire.— Les fonts baptismaux.— Deux tombeaux.— Quelques âneries à propos d'un Anglais. — Le bras gauche de la croix. — Le bras droit. — Le suisse malvenu et malmené. — Le Munster. — Qui l'auteur rencontre en y montant. — L'auteur sur le Munster. —Strasbourg à vol d'oiseau. —Panorama.— Statues des deux architectes du clocher de Strasbourg. — Saint-Thomas. — Le tombeau du maréchal de Saxe. — Autres tombeaux. — Au-dessus du prêtre, le curé; au-dessus du curé, l'évêque; au-dessus de l'évêque, le cardinal; au-dessus du cardinal, le pape; au-dessus du pape, le sacristain. — Le gros bedeau joufflu offre à l'auteur de le conduire dans une cachette. — Un comte de Nassau et une comtesse de Nassau sous verre. — Quelle est la dernière humiliation réservée à l'homme.

Septembre.

Hier j'ai visité l'église. Le Munster est véritablement une merveille. Les portails de l'église sont beaux, particulièrement le portail roman; il y a sur la façade de très-superbes figures à cheval, la rosace est noble et bien coupée, toute la face de l'église est un poëme savamment composé. Mais le véritable triomphe de cette cathédrale, c'est la flèche. C'est une vraie tiare de pierre avec sa couronne et sa croix. C'est le prodige du gigantesque et du délicat. J'ai vu Chartres, j'ai vu Anvers, il me fallait Strasbourg.

L'église n'a pas été terminée. L'abside, misérablement tronquée, a été arrangée au goût du cardinal de Rohan, cet imbécile, l'homme du collier. Elle est hideuse. Le vitrail qu'on y a adapté a un dessin de tapis courant. C'est ignoble. Les autres vitraux sont beaux, excepté quelques verrières refaites, notamment celle de la grande rose. Toute l'église est honteusement badigeonnée; quelques parties de sculpture ont été restaurées avec quelque goût. Cette cathédrale a été touchée par toutes mains. La chaire est un petit édifice du quinzième siècle, gothique fleuri, d'un dessin et d'un style ravissants. Malheureusement on l'a dorée d'une façon stupide. Les fonds baptismaux sont de la même époque et supérieurement restaurés. C'est un vase entouré d'une broussaille de sculpture la plus merveilleuse du monde. A côté, dans une chapelle sombre, il y a deux tombeaux. L'un, celui d'un évêque du temps de Louis V, est cette pensée redoutable que l'art gothique a exprimée sous toutes les formes : un lit sous lequel est un tombeau, le sommeil superposé à la mort, l'homme au cadavre, la mort à l'éternité. Le sépulcre a deux étages. L'évêque, dans ses habits pontificaux et mitre en tête, est couché dans son lit, sous un dais : il dort. Au-dessous, dans l'ombre, sous les pieds du lit, on entrevoit une énorme pierre dans laquelle sont scellés deux énormes anneaux de fer : c'est le couvercle du tombeau. On n'en voit pas davantage. Les architectes du seizième siècle montraient le cadavre (vous vous souvenez des tombeaux de Brou), ceux du quatorzième le cachaient; c'est encore plus effrayant. Rien de plus sinistre que ces deux anneaux.

Au plus profond de ma rêverie, j'ai été distrait par un Anglais qui faisait des questions sur l'affaire du collier et sur madame de Lamotte, croyant voir là le tombeau du cardinal de Rohan. Dans tout autre lieu je n'aurais pu m'empêcher de rire. Après tout, j'aurais eu tort. Qui n'a pas son coin d'ignorance grossière? Je connais, et vous connaissez comme moi un savant médecin qui dit *poudre* DENTRIFICE, ce qui prouve qu'il ne sait ni le latin ni le français. Je ne sais plus quel avocat, adversaire de la propriété littéraire à la chambre des députés, dit : *monsieur Réaumur, monsieur Fahrenheit, monsieur Centigrade.* Un philosophe infaillible, notre contemporain, a imaginé le prétérit *recollexit*. Raulin, très-docte recteur de l'université de Paris au quinzième siècle, s'indignait que les écoliers écrivissent : *mater tuus, pater tua,* et il disait : *Marmouseti*. Le barbarisme faisait la morale au solécisme.

Je reviens à ma cathédrale. Le tombeau dont je viens de vous parler est dans le bras gauche de la croix. Dans le bras droit il y a une chapelle qu'un échafaudage m'a empêché de voir. A côté de cette chapelle court une balustrade du quinzième siècle appliquée sur le mur. Une figure peinte et sculptée s'appuie sur cette balustrade et semble admirer un pilier entouré de statues superposées qui est vis-à-vis d'elle, et qui est d'un effet merveilleux. La tradition veut que cette figure représente le premier architecte du Munster, Herwyn de Steinbach.

Les statues me disent beaucoup de choses; aussi j'ai toujours la manie de les questionner, et, quand j'en rencontre une qui me plaît, je reste longtemps avec elle. J'étais donc tête à tête avec le grand Herwyn et profondément pensif depuis plus d'une grosse heure, lorsqu'un belître est venu me déranger. C'était le suisse de l'église, qui, pour gagner trente sous, m'offrait de m'expliquer sa cathédrale. Figurez-vous un horrible suisse, mi-parti d'Allemand et d'Alsacien, et me proposant ses *explications :* — *Monsir, fous afre pas fu lé champelle?* — J'ai congédié assez durement ce marchand de baragouin.

Je n'ai pu voir l'horloge astronomique qui est dans la nef, et qui est un charmant petit édifice fantastique du seizième siècle. On est en train de la restaurer, et elle est recouverte d'une chemise en planches.

L'église vue, je suis monté sur le clocher. Vous connaissez mon goût pour le voyage perpendiculaire. Je n'aurais eu garde de manquer la plus haute flèche du monde. Le Munster de Strasbourg a près de cinq cents pieds de haut. Il est de la famille des clochers accostés d'escaliers à jour. C'est une chose admirable de circuler dans cette monstrueuse masse de pierre toute pénétrée d'air et de lumière, évidée comme un joujou de Dieppe, lanterne aussi bien que pyramide, qui vibre et qui palpite à tous les souffles du vent. Je suis monté jusqu'au haut des escaliers verticaux. J'ai rencontré en montant un visiteur qui descendait tout pâle et tout tremblant, à demi porté par son guide. Il n'y a pourtant aucun danger. Le danger pourrait commencer au point où je me suis arrêté, à la naissance de la flèche proprement dite. Quatre escaliers à jour, en spirale, correspondant aux quatre tourelles verticales, enroulés dans un enchevêtrement délicat de pierre amenuisée et ouvragée, s'appuient sur la flèche, dont ils suivent l'angle, et rampent jusqu'à ce qu'on appelle la couronne, à environ trente pieds de distance de la lanterne surmontée d'une croix qui fait le sommet du clocher. Les marches de ces escaliers sont très-hautes et très-étroites, et vont se rétrécissant à mesure qu'on monte. Si bien qu'en haut elles ont à peine la saillie du talon. Il faut gravir ainsi une centaine de pieds, et l'on est à quatre cents pieds du pavé. Point de garde-fous, ou si peu, qu'il n'est pas la peine d'en parler. L'entrée de cet escalier est fermée par une grille de fer. On n'ouvre cette grille que sur une permission spéciale du maire de Strasbourg, et l'on ne peut monter qu'accompagné de deux ouvriers couvreurs, qui vous nouent autour du corps une corde dont ils attachent le bout de distance en distance, à mesure que vous montez, aux barres de fer qui relient les meneaux. Il y a huit jours, trois femmes, trois Allemandes, une mère et ses deux filles, ont fait cette ascension. Du reste, personne, excepté les couvreurs qui ont à restaurer le clocher, ne monte jusqu'à la lanterne. Là il n'y a plus d'escalier, mais de simples barres de fer disposées en échelons.

D'où j'étais la vue est admirable. On a Strasbourg sous ses pieds, vieille ville à pignons dentelés et à grands toits chargés de lucarnes, coupée de tours et d'églises, aussi pittoresque qu'aucune ville de Flandre. L'Ill et la Brusche, deux jolies rivières, égayent ce sombre amas d'édifices de leurs flaques d'eau claires et vertes. Tout autour des murailles s'étend à perte de vue une immense campagne pleine d'arbres et semée de villages. Le Rhin, qui s'approche à une lieue de la ville, court dans cette campagne en se tordant sur lui-même. En faisant le tour du clocher on voit trois chaînes de montagnes, les croupes de la forêt Noire au nord, les Vosges à l'ouest, au midi les Alpes.

On est si haut, que le paysage n'est plus un paysage; c'est, comme ce que je voyais sur la montagne de Heidelberg, une carte de géographie, mais une carte de géographie vivante, avec des brumes, des fumées, des ombres et des lueurs, des frémissements d'eaux et de feuilles, des nuées, des pluies et des rayons de soleil.

Le soleil fait volontiers fête à ceux qui sont sur de grands sommets. Au moment où j'étais sur le Munster il a tout à coup dérangé les nuages dont le ciel avait été couvert toute la journée, et il a mis le feu à toutes les fumées de la ville, à toutes les vapeurs de la plaine, tout en versant une pluie d'or sur Saverne, dont je revoyais la côte magnifique à douze lieues au fond de l'horizon à travers une gaze resplendissante. Derrière moi un gros nuage pleuvait sur le Rhin; à mes pieds la ville jasait doucement, et ses paroles m'arrivaient à travers des bouffées de vent; les cloches de cent villages sonnaient; des pucerons roux et blancs, qui étaient un troupeau de bœufs, mugissaient dans une prairie à droite; d'autres pucerons bleus et rouges, qui étaient des canonniers, faisaient l'exercice à feu dans le polygone à gauche; un scarabée noir, qui était une diligence, courait sur la route de Metz; et au nord, sur la croupe d'une colline, le château du grand duc de Bade brillait dans une flaque de lumière comme une pierre précieuse. Moi, j'allais d'une tourelle à l'autre, regardant ainsi tour à tour la France, la Suisse et l'Allemagne dans un seul rayon de soleil.

Chaque tourelle fait face à une nation différente.

En redescendant je me suis arrêté quelques instants à l'une des portes hautes de la tourelle-escalier. Des deux côtés de cette porte sont les figures en pierre des deux architectes du Munster. Ces deux grands poëtes sont représentés accroupis, le dos et la face renversés en arrière, comme s'ils s'émerveillaient de la hauteur de leur œuvre. Je me suis mis à faire comme eux, et je suis resté aussi statue qu'eux-mêmes pendant plusieurs minutes. Sur la plate-forme, on m'a fait écrire mon nom dans un livre; après quoi je m'en suis allé. Les cloches et l'horloge n'offrent aucun intérêt.

Du Munster je suis allé à Saint-Thomas, qui est

la plus ancienne église de la ville, et où est le tombeau du maréchal de Saxe. Ce tombeau est à Strasbourg ce que l'Assomption de Bridan est à Chartres, une chose fort célèbre, fort vantée, et fort médiocre. C'est une grande machine d'opéra en marbre, dans le maigre style de Pigalle, et sur laquelle Louis XV se vante en style lapidaire d'être l'auteur et le guide — *auctor et dux* — des victoires du maréchal de Saxe. On vous ouvre une armoire dans laquelle il y a une tête à perruque en plâtre; c'est le buste de Pigalle. — Heureusement il y a autre chose à voir à Saint-Thomas : d'abord l'église elle-même, qui est romane, et dont les clochers trapus et sombres ont un grand caractère; puis les vitraux, qui sont beaux, quoiqu'on les ait stupidement blanchis dans leur partie inférieure; puis les tombeaux et les sarcophages, qui abondent dans cette église. L'un de ces tombeaux est du quatorzième siècle; c'est une lame de pierre incrustée droite dans le mur sur laquelle est sculpté un chevalier allemand de la plus superbe tournure. Le cœur du chevalier dans une boîte en vermeil avait été déposé dans un petit trou carré creusé au ventre de la figure. En 93, des Brutus locaux, par haine des chevaliers et par amour des boîtes en vermeil, ont arraché le cœur à la statue. Il ne reste plus que le trou carré parfaitement vide. Sur une autre lame de pierre est sculpté un colonel polonais casque et panaché en tête, dans cette belle armure que les gens de guerre portaient encore au dix-septième siècle. On croit que c'est un chevalier; point, c'est un colonel. Il y a en outre deux merveilleux sarcophages en pierre : l'un, qui est gigantesque et tout chargé de blasons dans le style opulent du seizième siècle, est le cercueil d'un gentilhomme danois qui dort, je ne sais pourquoi, dans cette église; l'autre, plus curieux encore, sinon plus beau, est caché dans une armoire, comme le buste de Pigalle. Règle générale : les sacristains cachent tout ce qu'ils peuvent cacher, parce qu'ils se font payer pour laisser voir. De cette façon on fait suer des pièces de cinquante centimes à de pauvres sarcophages de granit qui n'en peuvent mais. Celui-ci est du neuvième siècle; grande rareté. C'est le cercueil d'un évêque qui ne devait pas avoir plus de quatre pieds de haut, à en juger par son étui. Magnifique sarcophage du reste, couvert de sculptures byzantines, figures et fleurs, et porté par trois lions de pierre, un sous la tête, deux sous les pieds. Comme il est dans une armoire adossée au mur, on n'en peut voir qu'une face. Cela est fâcheux pour l'art; il vaudrait mieux que le cercueil fût en plein air dans une chapelle. L'église, le sarcophage et le voyageur y gagneraient; mais que deviendrait le sacristain? Les sacristains avant tout; c'est la règle des églises.

Il va sans dire que la nef romane de Saint-Thomas est badigeonnée en jaune vif.

J'allais sortir, quand mon sacristain protestant, gros suisse rouge et joufflu d'une trentaine d'années, m'a arrêté par le bras. — Voulez-vous voir des momies? — J'accepte. Autre cachette, autre serrure. J'entre dans un caveau. Ces momies n'ont rien d'égyptien. C'est un comte de Nassau et sa fille, qu'on a trouvés embaumés en fouillant les caves de l'église, et qu'on a mis dans ce coin sous verre. Ces deux pauvres morts dorment là au grand jour, couchés dans leurs cercueils, dont on a enlevé le couvercle. Le cercueil du comte de Nassau est orné d'armoiries peintes. Le vieux prince est vêtu d'un costume simple coupé à la mode de Henri IV. Il a de grands gants de peau jaune, des souliers noirs à hauts talons, un collet de guipure et un bonnet de linge bordé de dentelle. Le visage est de couleur bistre. Les yeux sont fermés. On voit encore quelques poils de la moustache. Sa fille porte le splendide costume d'Élisabeth. La tête a perdu forme humaine; c'est une tête de mort; il n'y a plus de cheveux; un bouquet de rubans roses est seul resté sur le crâne nu. La morte a un collier au cou, des bagues aux mains, des mules aux pieds, une foule de rubans, de bijoux et de dentelles sur les manches, et une petite croix de chanoinesse richement émaillée sur la poitrine.

Elle croise ses petites mains grises et décharnées, et elle dort sur un lit de linge comme les enfants en font pour leurs poupées. Il m'a semblé, en effet, voir la hideuse poupée de la mort. On recommande de ne pas remuer le cercueil. Si l'on touchait à ce qui a été la princesse de Nassau, cela tomberait en poussière.

En me retournant pour voir le comte, j'ai été frappé de je ne sais quelle couche luisante beurrée sur son visage. Le sacristain — toujours le sacristain — m'a expliqué qu'il y a huit ans, lorsqu'on avait trouvé cette momie, on avait cru devoir la vernir. Que dites-vous de cela? A quoi bon avoir été comte de Nassau pour être, deux cents ans après sa mort, verni par des badigeonneurs français? La Bible avait promis au cadavre de l'homme toutes les métamorphoses, toutes les humiliations, toutes les destinées, excepté celle-ci. Elle avait dit : — Les vivants te disperseront comme la poussière, te fouleront aux pieds comme la boue, te brûleront comme le fumier; mais elle n'avait pas dit : — *Ils finiront par te cirer comme une paire de bottes!*

LETTRE XXXI

LETTRE XXXI

FREIBURG EN BRISGAW

Profil pittoresque d'une malle-poste badoise. — Quelle clarté les lanternes de cette malle jettent sur le pays de M. de Bade. — Encore un réveil au point du jour. — L'auteur est outré des insolences d'un petit nain gros comme une noix qui s'entend avec un écrou mal graissé pour se moquer de lui. — Ciel du matin. — Vénus. — Ce qui se dresse tout à coup sur le ciel. — Entrée à Freiburg. — Commencement d'une aventure étrange. — Le voyageur n'ayant plus le sou et ne sachant que devenir, regarde une fontaine. — Suite de l'aventure étrange. — Mystères de la maison où il y avait une lanterne allumée. — Les spectres à table. — Le voyageur se livre à divers exorcismes. — Il a la bonne idée de prononcer un mot magique. — Effet de ce mot. — La fille pâle. — Dialogue effrayant et laconique du voyageur et de la fille pâle. — Dernier prodige. — Le voyageur sauvé miraculeusement rend témoignage à la grandeur de Dieu. — N'est-il pas évident que baragouiner le latin et estropier l'espagnol, c'est savoir l'allemand ? — L'*hôtel de la Cour de Zœhringen*. — Ce que le voyageur avait fait la veille. — Histoire attendrissante de la jolie comédienne et des douaniers qui lui font payer dix-sept sous. — Le Munster de Freiburg comparé au Munster de Strasbourg. — Un peu d'archéologie. — La maison qui est près de l'église. — Parallèle sérieux et impartial au point de vue du goût, de l'art et de la science, entre les membres des conseils municipaux de France et d'Allemagne et les sauvages de la mer du Sud. — Quel est le badigeonnage qui réussit et qui prospère sur les bords du Rhin. — L'église de Freiburg. — Les verrières. — La chaire. — L'auteur bâtonne les architectes sur l'échine des marguilliers. — Tombeau du duc Bertholdus. — Si jamais ce duc se présente chez l'auteur, le portier a ordre de ne point le laisser monter. — Sarcophages. — Le chœur. — Les chapelles de l'abside. — Tombeau des ducs de Zæhringen. — L'auteur déroge à toutes ses habitudes et ne monte pas au clocher. — Pourquoi. — Il monte plus haut. — Freiburg à vol d'oiseau. — Grand aspect de la nature. — L'autre vallée. — Quatre lignes qui sont d'un gourmand.

6 septembre.

Voici mon entrée à Freiburg : — il était près de quatre heures du matin; j'avais roulé toute la nuit dans le coupé d'une malle-poste badoise, armoriée d'or à la tranche de gueules, et conduite par ces beaux postillons jaunes dont je vous ai parlé; tout en traversant une foule de jolis villages propres, sains, heureux, semés de jardinets épanouis autour des maisons, arrosés de petites rivières vives dont les ponts sont ornés de statues rustiques que j'entrevoyais aux lueurs de nos lanternes, j'avais causé jusqu'à onze heures du soir avec mon compagnon de coupé, jeune homme fort modeste et fort intelligent, architecte de la ville

de Haguenau; puis, comme la route est bonne,
comme les postes de M. de Bade vont fort doucement, je m'étais endormi. Donc, vers quatre heures
du matin, le souffle gai et froid de l'aube entra par
la vitre abaissée et me frappa au visage; je m'éveillai à demi, ayant déjà l'impression confuse des objets réels, et conservant encore assez du sommeil
et du rêve pour suivre de l'œil un petit nain fantastique vêtu d'une chape d'or, coiffé d'une perruque rouge, haut comme mon pouce, qui dansait
allègrement derrière le postillon, sur la croupe du
cheval porteur, faisant force contorsions bizarres,
gambadant comme un saltimbanque, parodiant
toutes les postures du postillon, et esquivant le
fouet avec des soubresauts comiques quand par hasard il passait près de lui. De temps en temps ce
nain se retournait vers moi, et il me semblait qu'il
me saluait ironiquement avec de grands éclats de
rire. Il y avait dans l'avant-train de la voiture un
écrou mal graissé qui chantait une chanson dont le
méchant petit drôle paraissait s'amuser beaucoup.
Par moments, ses espiègleries et ses insolences me
mettaient presque en colère, et j'étais tenté d'avertir le postillon. Quand il y eut plus de jour dans
l'air et moins de sommeil dans ma tête, je reconnus que ce nain sautant dans sa chape d'or était
un petit bouton de cuivre à houppe écarlate vissé
dans la croupière du cheval. Tous les mouvements

du cheval se communiquaient à la croupière en s'exagérant, et faisaient prendre au bouton de cuivre mille folles attitudes. — Je me réveillai tout à fait. — Il avait plu toute la nuit, mais le vent dispersait les nuées; des brumes laineuses et diffuses salissaient çà et là le ciel comme les épluchures d'une fourrure noire; à ma droite s'étendait une vaste plaine brune à peine effleurée par le crépuscule; à ma gauche, derrière une colline sombre au sommet de laquelle se dessinaient de vives silhouettes d'arbres, l'orient bleuissait vaguement. Dans ce bleu, au-dessus des arbres, au-dessous des nuages, Vénus rayonnait. — Vous savez comme j'aime Vénus. — Je la regardais sans pouvoir en détacher mes yeux, quand tout à coup, à un tournant de la route, une immense flèche noire découpée à jour se dressa au milieu de l'horizon. Nous étions à Freiburg.

Quelques instants après, la voiture s'arrêta dans une large rue neuve et blanche, et déposa son contenu pêle-mêle, paquets, valises et voyageurs, sous une grande porte cochère éclairée d'une chétive lanterne. Mon compagnon français me salua et me quitta. Je n'étais pas fâché d'arriver, j'étais assez fatigué. J'allais entrer bravement dans la maison, quand un homme me prit le bras et me barra le passage avec quelques vives paroles en allemand, parfaitement inintelligibles pour moi.

Je me récriai en bon français, et je m'adressai aux personnes qui m'entouraient ; mais il n'y avait plus là que des voyageurs prussiens, autrichiens, badois, emportant l'un sa malle, l'autre son portemanteau, tous fort Allemands et fort endormis. Mes réclamations les éveillèrent pourtant un peu, et ils me répondirent. Mais pas un mot de français chez eux, pas un mot d'allemand chez moi. Nous baragouinions de part et d'autre à qui mieux mieux. Je finis cependant par comprendre que cette porte cochère n'était pas un hôtel : c'était la maison de la poste, et rien de plus. Comment faire? où aller? Ici on ne me comprenait plus. Je les aurais bien suivis; mais la plupart étaient des Fribourgeois qui rentraient chez eux, et ils s'en allaient tous de différents côtés. J'eus le déboire de les voir partir ainsi les uns après les autres jusqu'au dernier, et au bout de cinq minutes je restais seul sous la porte cochère. La voiture était repartie. Ici, je m'aperçus que mon sac de nuit, qui contenait, non-seulement mes hardes, mais encore mon argent, avait disparu. Cela commençait à devenir tragique. Je reconnus que c'était là un cas providentiel; et me trouvant ainsi tout à coup sans habits, sans argent et sans gîte, perdu chez les Sarmates, qui plus est, je pris à droite, et je me mis à marcher devant moi. J'étais assez rêveur. Cependant le soleil, qui n'abandonne personne, avait continué sa route. Il faisait petit jour; je regardais l'une après l'autre toutes les maisons, comme un homme qui aurait bonne envie d'entrer dans une; mais elles étaient toutes badigeonnées en jaune et en gris et parfaitement closes. Pour toute consolation, dans mon exploration fort perplexe, je rencontrai une exquise fontaine du quinzième siècle, qui jetait joyeusement son eau dans un large bassin de pierre par quatre robinets de cuivre luisant. Il y avait assez de jour pour que je pusse distinguer les trois étages de statuettes groupées autour de la colonne centrale, et je remarquai avec peine qu'on avait remplacé la figure en grès de Heilbron qui devait couronner ce charmant petit édifice, par une méchante Renommée-girouette de fer-blanc peint. Après avoir tourné autour de la fontaine pour bien voir toutes les figurines, je me remis en marche.

A deux ou trois maisons au delà de la fontaine, une lanterne allumée brillait au-dessus d'une porte ouverte. Ma foi, j'entrai.

Personne sous la porte cochère.

J'appelle, on ne me répond pas.

Devant moi, un escalier; à ma gauche, une porte bâtarde.

Je pousse la porte au hasard; elle était tout contre, elle s'ouvre. J'entre, je me trouve dans une chambre absolument noire, avec une vague fenêtre à ma gauche.

J'appelle :

— *Hé! quelqu'un!*

Pas de réponse.

Je tâte le mur, je trouve une porte; je la pousse, elle s'ouvre.

Ici une autre chambre sombre, avec une lueur au fond et une porte entre-bâillée.

Je vais à cette porte, et je regarde.

Voici l'effrayant qui commence.

Dans une salle oblongue, soutenue à son milieu par deux piliers, et très-vaste, autour d'une longue table faiblement éclairée par des chandelles posées de distance en distance, des formes singulières étaient assis.

C'étaient des êtres pâles, graves, assoupis.

Au haut bout de la table, le plus proche de moi, se tenait une grande femme blême, coiffée d'un béret surmonté d'un énorme panache noir. A côté d'elle, un jeune homme de dix-sept ans, livide et sérieux, enveloppé d'une immense robe de chambre à ramages, avec un bonnet de soie noire sur les yeux. A côté du jeune homme un vieillard à visage vert dont la tête portait trois étages de coiffures : premier étage, un bonnet de coton; deuxième étage, un foulard; troisième étage, un chapeau.

Puis s'échelonnaient de chaise en chaise cinq ou six casse-noisettes de Nuremberg vivants, grotesquement accoutrés, et engloutis sous d'immenses feutres; faces bistrées avec des yeux d'émail.

Le reste de la longue table était désert; et la nappe, blanche et nue comme un linceul, se perdait dans l'ombre au fond de la salle.

Chacun de ces singuliers convives avait devant lui une tasse blanche et quelques vases de forme inusitée sur un petit plateau.

Aucun d'eux ne disait mot.

De temps en temps, et dans le plus profond silence, ils portaient à leurs lèvres la tasse blanche, où fumait une liqueur noire qu'ils buvaient gravement.

Je compris que ces spectres prenaient du café.

Toute réflexion faite, et jugeant que le moment était venu de produire un effet quelconque, je poussai la porte entr'ouverte et j'entrai vaillamment dans la salle.

Point; aucun effet.

La grande femme, coiffée en héraut d'armes, tourne seule la tête, me regarde fixement, avec des yeux blancs, et se remet à boire son philtre.

Du reste, pas une parole.

Les autres fantômes ne me regardaient même pas.

Un peu déconcerté, ma casquette à la main, je fais trois pas vers la table, et je dis, tout en craignant fort de manquer de respect à ce château d'Udolphe :

— Messieurs, n'est-ce pas ici une auberge?

Ici, le vieillard triplement coiffé produisit une espèce de grognement inarticulé qui tomba pesamment dans sa cravate. Les autres ne bougèrent pas.

Je vous avoue qu'alors je perdis patience, et me voilà criant à tue-tête : — Holà! hé! l'aubergiste! le tavernier! de par tous les diables! l'hôtelier! le garçon! quelqu'un! *Kellner!*

J'avais saisi au vol, dans mes allées et venues sur le Rhin, ce mot : *Kellner*, sans en savoir le sens, et je l'avais soigneusement serré dans un coin de ma mémoire avec une vague idée qu'il pourrait m'être bon.

En effet, à ce cri magique : *Kellner!* une porte s'ouvrit dans la partie ténébreuse de la caverne.

Sésame! ouvre-toi! n'aurait pas mieux réussi.

Cette porte se referma après avoir donné passage à une apparition qui vint droit à moi.

Une jeune fille, jolie, pâle, les yeux battus, vêtue de noir, portant sur la tête une coiffure étrange, qui avait l'air d'un énorme papillon noir posé à plat sur le front, les ailes ouvertes.

Elle avait, en outre, une large pièce de soie noire roulée autour du cou, comme si ce gracieux spectre eût eu à cacher la ligne rouge et circulaire de Marie Stuart et de Marie-Antoinette.

— Kellner? me dit-elle.

Je répondis avec intrépidité : — Kellner!

Elle prit un flambeau et me fit signe de la suivre.

Nous rentrâmes dans les chambres par où j'étais venu, et, au beau milieu de la première, sur un banc de bois, elle me montra avec un sourire un homme dormant du sommeil profond des justes, la tête sur mon sac de nuit.

Fort surpris de ce dernier prodige, je secouai l'homme ; il s'éveilla ; la jeune fille et lui échangèrent quelques paroles à voix basse, et deux minutes après nous nous retrouvions, mon sac de nuit et moi, fort confortablement installés dans une chambre excellente, à rideaux blancs comme neige.

Or, j'étais à l'*hôtel de la Cour de Zæhringen.*

Voici maintenant l'explication de ce conte d'Anne Radcliffe.

A la douane de Kehl, le conducteur de la malle badoise, m'ayant entendu parler latin (non sans barbarisme) avec un digne pasteur qui s'en retournait à Zurich, et espagnol avec un colonel Duarte qui va par la Savoie rejoindre don Carlos, en avait conclu que je savais l'allemand, et ne s'était plus autrement inquiété de moi. A Freiburg, le kellner, c'est-à-dire le factotum de l'hôtel de Zæhringen, attendait la malle-poste à son arrivée, et le courrier, en débarquant, m'avait montré à lui à mon insu en lui disant : *Voilà un voyageur pour vous,* puis lui avait remis mon sac de nuit pendant que je me démenais au milieu des Allemands. Le kellner, me croyant averti, avait pris les devants avec mon sac et était allé m'attendre à l'hôtel, où il dormait dans la salle basse. Vous devinez le reste.

Il y a pourtant dans l'aventure un hasard d'une grande beauté : c'est qu'en sortant de la poste j'ai pris à droite et non à gauche. Dieu est grand.

Les spectres impassibles qui buvaient du café étaient tout bonnement les voyageurs de la diligence de Francfort à Genève, qui mettaient à profit l'heure de répit que la voiture leur accorde au point du jour; braves gens un peu affublés à l'allemande, qui me paraissaient étranges et auxquels je devais paraître absurde. La jeune fille, c'était une jolie servante de l'hôtel de Zæhringen. Le grand papillon noir, c'est la coiffure du pays. Coiffure gracieuse. De larges rubans de soie noire ajustés en cocarde sur le front, cousus à une calotte également noire, quelquefois brodée d'or à son sommet, derrière laquelle les cheveux tombent sur le dos en deux longues nattes. Le deux bouts de l'épaisse cravate noire, qui est aussi une mode locale, tombent également derrière le dos.

Il était sept heures du soir, la veille, quand je quittais Strasbourg. La nuit tombait quand j'ai passé le Rhin, à Kehl, sur le pont de bateaux. En touchant l'autre rive, la malle s'est arrêtée, et les douaniers badois ont commencé leur travail. J'ai livré mes clefs et je suis allé regarder le Rhin au

crépuscule. Cette contemplation m'a fait passer
le temps de la douane et m'a épargné le déplaisir
de voir ce que mon compagnon l'architecte m'a
raconté ensuite d'une pauvre comédienne allant à
Carlsruhe, assez jolie bohémienne que les douaniers
se sont divertis à tourmenter, lui faisant payer dix-
sept sous pour une *tournure* en calicot non ourlée,
et lui tirant de sa valise tous ses clinquants et toutes
ses perruques, à la grande confusion de la pauvre
fille.

Le Munster de Freiburg, à la hauteur près, vaut
le Munster de Strasbourg. C'est, avec un dessin
différent, la même élégance, la même hardiesse, la
même verve, la même masse de pierre rouillée et
sombre, piquée çà et là de trous lumineux de toute
forme et de toute grandeur. L'architecte du nouveau
clocher de fer à Rouen a eu, dit-on, le clocher de
Freiburg en vue. Hélas!

Il y a deux autres clochers à la cathédrale de
Freiburg. Ceux-là sont romans, petits, bas, sévères, à pleins cintres et à dentelures byzantines,
et posés, non comme d'ordinaire aux extrémités
du transept, mais dans les angles que fait l'intersection de la petite nef avec la grande nef. Le Munster est également, en quelque sorte, indépendant
de l'église, quoiqu'il y adhère. Il est bâti à l'entrée de la grande nef, sur un porche presque roman, plein de statues peintes et dorées, du plus

grand intérêt. Sur la place de l'église, il y a une jolie fontaine du seizième siècle, et en avant du porche, trois colonnes du même temps, qui portent la statue de la Vierge entre les deux figures de saint Pierre et de saint Paul. Au pied de ces colonnes le pavé dessine un labyrinthe.

A droite, l'ombre de l'église abrite, sur la même place, une maison du quinzième siècle, à toit immense en tuiles de couleur, à pignons en escaliers, flanquée de deux tourelles pointues, portée sur quatre arcades, percée de baies charmantes, chargée de blasons coloriés, avec balcon ouvragé au premier étage, et, entre les fenêtres-croisées de ce balcon, quatre statues peintes et dorées, qui sont Maximilien Ier, empereur; Philippe Ier, roi de Castille; Charles-Quint, empereur; Ferdinand Ier, empereur. Cet admirable édifice sert à je ne sais quel plat usage municipal et bourgeois, et on l'a badigeonné en rouge. De ce côté-ci du Rhin, on badigeonne en rouge. Ils arrangent leurs églises comme les sauvages de la mer du Sud arrangent leurs visages.

Le Munster, par bonheur, n'est pas badigeonné. L'église est enduite d'une couche de gris, ce qui est presque tolérable quand on songe qu'elle aurait pu être accommodée en couleur de betterave. Les vitraux, à peu près tous conservés, sont d'une merveilleuse beauté. Comme la flèche occupe sur la façade la place de la grande rosace, les bas-côtés aboutissent à deux moyennes rosaces inscrites dans des triangles de l'effet le plus mystérieux et le plus charmant. La chaire, gothique flamboyant, est superbe; la coiffe qu'on y a ajoutée est misérable. Ces sortes de chaires n'avaient pas de chef. Voilà ce que les marguilliers devraient savoir, avant de tripoter à leur fantaisie ces beaux édifices. Toute la partie basse de l'église est romane, ainsi que les deux portails latéraux, dont l'un, celui de droite, est masqué par un porche de la renaissance. Rien de plus curieux, selon moi, que ces rencontres du style roman et du style de la Renaissance; l'archivolte byzantine, si austère, l'archivolte néo-romaine, si élégante, s'accostent et s'accouplent, et, comme elles sont toutes deux fantastiques, cette base commune les met en harmonie et fait qu'elles se touchent sans se heurter.

Un cordon d'arcades romanes engagées ourle des deux côtés le bas de la grande nef. Chacun des chapiteaux voudrait être dessiné à part. Le style roman est plus riche en chapiteaux que le style gothique.

Au pied de l'une de ces arcades gît un duc Bertholdus, mort en 1218, sans postérité, et enterré sous sa statue : *sub hac statua*, dit l'épitaphe. *Hæc statua* est un géant de pierre à long corsage, adossé au mur, debout sur le pavé, sculpté dans la ma-

nière sinistre du douzième siècle, qui regarde les
passants d'un air formidable. Ce serait un effrayant
Commandeur. Je ne me soucierais pas de l'entendre
monter un soir mon escalier.

Cette grande nef, assombrie par les vitraux, est
toute pavée de pierres tumulaires verdies de mousse;
on use avec les talons les blasons ciselés et les faces
sévères des chevaliers de Brisgaw, fiers gentilshommes qui jadis n'auraient pas enduré sur leurs visages
la main d'un prince, et qui maintenant y souffrent
le pied d'un bouvier.

Avant d'entrer au chœur, il faut admirer deux
portiques exquis de la renaissance, situés, l'un à
droite, l'autre à gauche, dans les bras de la croisée; puis, dans une chapelle grillée, au fond d'une
petite caverne dorée, on entrevoit un affreux squelette vêtu de brocart d'or et de perles, qui est saint
Alexandre, martyr; puis deux lugubres chapelles,
également grillées et qui se regardent, vous arrêtent : l'une est pleine de statues, c'est la Cène, Jésus, tous les apôtres, le traître Judas; l'autre ne
contient qu'une figure, c'est le Christ au tombeau;
deux funèbres pages, dont l'une achève l'autre, le
verso et le recto de ce merveilleux poëme qu'on appelle la passion. Des soldats endormis sont sculptés
sur le sarcophage du Christ.

Le sacristain s'est réservé le chœur et les chapelles de l'abside. On entre, mais on paye. Du reste, on ne regrette pas son argent. Cette abside, comme celles de Flandre, est un musée, et un musée varié. Il y a de l'orfévrerie byzantine, il y a de la menuiserie flamboyante, il y a des étoffes de Venise, il y a des tapisseries de Perse, il y a des tableaux qui sont de Holbein, il y a de la serrurerie-bijou qui pourrait être de Biscornette. Les tombeaux des ducs de Zæhringen, qui sont dans le chœur, sont de très-belles lames noblement sculptées; les deux portes romanes des petits clochers, dont l'une à dentelures, sont fort curieuses; mais ce que j'ai admiré surtout, c'est, dans une chapelle du fond, un Christ byzantin, d'environ cinq pieds de haut, rapporté de Palestine par un évêque de Freiburg. Le Christ et la croix sont en cuivre doré rehaussé de pierres brillantes. Le Christ, façonné d'un style barbare, mais puissant, est vêtu d'une tunique richement ouvragée. Un gros rubis non taillé figure la plaie du côté. La statue en pierre de l'évêque, adossée au mur voisin, le contemple avec adoration. L'évêque est debout; il a une fière figure barbue, la mitre en tête, la crosse au poing, la cuirasse sur le ventre, l'épée au côté, l'écu au coude, les bottes de fer aux jambes et le pied posé sur un lion. C'est très-beau.

Je ne suis pas monté au clocher. Freiburg est dominé par une grande colline, presque montagne,

plus haute que le clocher. J'ai mieux aimé monter
sur la colline. J'ai d'ailleurs été payé de ma peine
par un ravissant paysage. Au centre, à mes pieds,
la noire église avec son aiguille de deux cent cinquante pieds de haut; tout autour les pignons
taillés de la ville, les toits à girouettes, sur lesquels les tuiles de couleur dessinent des arabesques;
çà et là, parmi les maisons, quelques vieilles tours
carrées de l'ancienne enceinte; au delà de la ville,
une immense plaine de velours vert frangée de
haies vives, sur laquelle le soleil fait reluire les
vitres des chaumières comme des sequins d'or;
des arbres, des vignes, des routes qui s'enfuient;
à gauche, une hauteur boisée dont la forme rappelle la corne du duc de Venise; pour horizon,
quinze lieues de montagnes. Il avait plu toute la
journée; mais, quand j'ai été au haut de la colline,
le ciel s'est éclairci, et une immense arche de nuages s'est arrondie au-dessus de la sombre flèche toute
pénétrée des rayons du soleil.

Au moment où j'allais redescendre, j'ai aperçu
un sentier qui s'enfonçait entre deux murailles de
rochers à pic. J'ai suivi ce sentier, et, au bout de
quelques pas, je me suis trouvé brusquement comme
à la fenêtre sur une autre vallée toute différente de
celle de Freiburg. On s'en croirait à cent lieues.
C'est un vallon sombre, étroit, morose, avec quelques maisons à peine parmi les arbres, resserré

de toutes parts entre de hautes collines. Un lourd plafond de nuées s'appuyait sur les croupes espacées des montagnes comme un toit sur des créneaux; et, par les intervalles des collines, comme par les lucarnes d'une tour énorme, je voyais le ciel bleu.

A propos, à Freiburg j'ai mangé des truites du haut Rhin, qui sont d'excellents petits poissons — et fort jolis; bleus, tachés de rouge.

LETTRE XXXII

LETTRE XXXII

BALE

Paysage. — Profil des compagnons de voyage de l'auteur. — Joli costume des jeunes filles.— Ce qu'un philosophe peut conduire. — Ici le lecteur voit passer un peu de forêt Noire. — Bâle. — L'hôtel de la Cigogne. — Théorie des fontaines. — Tombeau d'Érasme. — Autres tombeaux.

Bâle, 7 septembre.

Hier, cher ami, à cinq heures du matin, j'ai quitté Freiburg. A midi j'entrais dans Bâle. La route que je fais est chaque jour plus pittoresque. J'ai vu lever le soleil. Vers six heures il a puissamment troué les nuages, et ses rayons horizontaux sont allés au loin faire surgir à l'horizon les gibbosités monstrueuses du Jura. Ce sont déjà des bosses formidables. On sent que ce sont les dernières ondulations de ces énormes vagues de granit qu'on appelle les Alpes.

Le coupé de la diligence badoise était pris. L'intérieur était ainsi composé : un bibliothécaire allemand, triste d'avoir oublié sa blouse dans une auberge du mont Rigi; un petit vieillard habillé comme sous Louis XV, se moquant d'un autre vieillard en costume d'incroyable qui me faisait l'effet d'Elleviou en voyage, et lui demandant *s'il avait vu le pays des grisons;* enfin un grand commis marchand, colporteur d'étoffes et déclarant avec un gros rire que, comme il n'avait pu placer ses échantillons, il voyageait *en vins* (en vain); de plus ayant sur les joues des favoris comme les caniches tondus en ont ailleurs. — Voyant ceci, je suis monté sur l'impériale.

Il faisait assez froid; j'y étais seul.

Les jeunes filles de ce côté du haut Rhin ont un costume exquis : cette coiffure-cocarde dont je vous ai parlé, un jupon brun à gros plis assez court, et une veste d'homme en drap noir avec des morceaux de soie rouge imitant des crevés et des taillades, cousus à la taille et aux manches. Quelques-unes, au lieu de cocarde, ont un mouchoir rouge noué en fichu sous le menton. Elles sont charmantes ainsi. Cela ne les empêche pas de se moucher avec leurs doigts.

Vers huit heures du matin, dans un endroit sauvage et propre à la rêverie, j'ai vu un monsieur d'âge vénérable, vêtu d'un gilet jaune, d'un pantalon gris et d'une redingote grise, et coiffé d'un vaste chapeau rond, ayant un parapluie sous le bras gauche et un livre à la main droite. Il lisait attentivement. Ce qui m'inquiétait, c'est qu'il avait un fouet à la main gauche. De plus, j'entendais des grognements singuliers derrière une broussaille qui bordait la route. Tout à coup la broussaille s'est interrompue, et j'ai reconnu que ce philosophe conduisait un troupeau de cochons.

Le chemin de Freiburg à Bâle court le long d'une magnifique chaîne de collines déjà assez hautes pour faire obstacle aux nuages. De temps en temps on rencontre sur la route un chariot attelé de bœufs conduit par un paysan en grand chapeau, dont l'accoutrement rappelle la basse Bretagne; ou bien un roulier traîné par huit mulets; ou une longue poutre qui a été un sapin, et qu'on transporte à Bâle sur deux paires de roues qu'elle réunit comme un trait d'union; ou une vieille femme à genoux devant une vieille croix sculptée. Deux heures avant d'arriver à Bâle, la route traverse un coin de forêt : des halliers profonds, des pins, des sapins, des mélèzes; par moments une clairière, dans laquelle un grand chêne se dresse seul comme le chandelier à sept branches; puis des ravins où l'on entend murmurer des torrents. C'est la forêt Noire.

Je vous parlerai de Bâle en détail dans ma prochaine lettre. Je me suis logé à la *Cigogne*, et, de la fenêtre où je vous écris, je vois dans une petite place deux jolies fontaines côte à côte, l'une du quinzième siècle, l'autre du seizième. La plus grande, celle du quinzième siècle, se dégorge dans un bassin de pierre plein d'une belle eau verte, moirée, que les rayons du soleil semblent remplir, en s'y brisant, d'une foule d'anguilles d'or.

C'est une chose bien remarquable d'ailleurs que ces fontaines. J'en ai compté huit à Freiburg; à Bâle il y en a à tous les coins de rue. Elles abondent à Lucerne, à Zurich, à Berne, à Soleure. Cela est propre aux montagnes. Les montagnes engendrent les torrents, les torrents engendrent les ruisseaux, les ruisseaux produisent les fontaines : d'où il suit que toutes ces charmantes fontaines gothiques des villes suisses doivent être classées parmi les fleurs des Alpes.

J'ai vu de belles choses à la cathédrale, et j'en ai vu de curieuses; entre autres, le tombeau d'Érasme. C'est une simple lame de marbre, couleur café, posée debout, avec une très-longue épitaphe en latin. Au-dessus de l'épitaphe est une figure qui ressemble, jusqu'à un certain point, au portrait d'Érasme par Holbein, et au bas de laquelle est écrit ce mot mystérieux : *Terminus*. Il y a aussi le sarcophage de l'impératrice Anne, femme de Rodolphe de Habsbourg, avec son enfant endormi près d'elle; et, dans un bras de la croisée, une autre tombe du quatorzième siècle sur laquelle est couchée une sombre marquise de pierre, la dame de Hochburg. — Mais je ne veux pas empiéter ; je vous conterai Bâle dans ma prochaine lettre.

Demain, à cinq heures du matin, je pars pour Zurich, où vient d'éclater une petite chose qu'on appelle ici une révolution. Que j'aie une tempête sur le lac, et le spectacle sera complet.

LETTRE XXXIII

LETTRE XXXIII

BALE

La Plume et le Canif, élégie. — Frick. — Bâle. — La cathédrale. — Indignation du voyageur. — Le badigeonnage. — Les flèches. — La façade. — Les deux seuls saints qui aient des chevaux. — Le portail de gauche. — La rosace. — Le portail de droite. — Le cloître. — Regret amer au cloître de Saint-Wandrille. — Luxe des tombeaux. — Intérieur de l'église. — Les stalles. — La chaire. — La crypte. — Peur qu'on y a. — Les archives. — Le haut des clochers. — Bâle à vol d'oiseau. — Promenade dans la ville. — Ce que l'architecture locale a de particulier. — La maison des armuriers. — L'hôtel de ville. — Munatius Plancus. — L'auteur rencontre avec plaisir le valet de trèfle à la porte d'une auberge. — L'archéologie serait perdue si les servantes ne venaient pas au secours des antiquaires. — La bibliothèque. — Holbein partout. — La table de la diète. — Soins admirables et exemplaires des bibliothécaires de Bâle pour un tableau de Rubens. — Remarque importante et dernière sur la bibliothèque. — Fin de l'élégie de la Plume et du Canif.

Frick, 8 septembre.

Cher ami, j'ai une affreuse plume, et j'attends un canif pour la tailler. Cela ne m'empêche pas de vous écrire, comme vous voyez. L'endroit où je suis s'appelle Frick, et ne m'a rien offert de remarquable qu'un assez joli paysage et un excellent déjeuner que je viens de dévorer. J'avais grand'faim.

— Ah! on m'apporte un canif et de l'encre. J'avais commencé cette lettre avec ma carafe pour écritoire. Puisque j'ai de bonne encre, je vais vous parler de Bâle, comme je vous l'ai promis.

Au premier abord la cathédrale de Bâle choque et indigne. Premièrement, elle n'a plus de vitraux; deuxièmement, elle est badigeonnée en gros rouge, non-seulement à l'intérieur, ce qui est de droit, mais à l'extérieur, ce qui est infâme; et cela, depuis le pavé de la place jusqu'à la pointe des clochers : si bien que les deux flèches, que l'architecte du quinzième siècle avait faites charmantes, ont l'air maintenant de deux carottes sculptées à jour. — Pourtant, la première colère passée, on regarde l'église, et l'on s'y plaît; elle a de beaux restes. Le toit, en tuiles de couleur, a son originalité et sa grâce (la charpente intérieure est de peu d'intérêt). Les flèches, flanquées d'escaliers-lanternes, sont jolies. Sur la façade principale il y a quatre curieuses statues de femmes : deux femmes saintes qui rêvent et qui lisent; deux femmes folles, à peine vêtues, montrant leurs belles épaules de Suissesses fermes et grasses, se raillant et s'injuriant avec de grands éclats de rire des deux côtés du portail gothique. Cette façon de représenter le diable est neuve et spirituelle. Deux saints équestres, saint Georges et saint Martin, figurés à cheval et plus grands que nature, complètent l'ajustement de la façade. Saint Martin partage à un pauvre la moitié de son manteau, qui n'était peut-être qu'une méchante couverture de laine, et qui maintenant, transfiguré par l'aumône, est en marbre, en granit, en jaspe, en porphyre, en velours, en satin, en pourpre, en drap d'argent, en brocart d'or, brodé en diamants et en perles, ciselé par Benvenuto, sculpté par Jean Goujon, peint par Raphaël. — Saint Georges, sur la tête duquel deux anges posent un morion germanique, enfonce un grand coup de lance dans la gueule du dragon, qui se tord sur une plinthe composée de végétaux hideux.

Le portail de gauche est un beau poëme roman. Sous l'archivolte, les quatre évangélistes; à droite et à gauche, toutes les œuvres de charité figurées dans de petites stalles superposées, encadrées de deux piliers et surmontées d'une architrave. Cela fait deux espèces de pilastres au sommet desquels un ange glorificateur embouche la trompette. Le poëme se termine par une ode.

Une rosace byzantine complète ce portail; et, par un beau soleil, c'est un tableau charmant dans une bordure superbe.

Le portail de droite est moins curieux, mais communique avec un noble cloître du quinzième siècle, pavé, lambrissé et plafonné de pierres sépulcrales, qui a quelque analogie avec l'admirable cloître de Saint-Wandrille, si stupidement détruit par je ne sais quel manufacturier inepte. Les tombeaux pendent et se dressent de toutes parts sous les ogives à meneaux flamboyants; ce sont des lames ouvragées, celles-ci en pierre, d'autres en marbre, quelques-unes en cuivre; elles tombent en ruine; la mousse mange le granit, l'oxyde mange le bronze. C'est, du reste, une confusion de tous les styles depuis cinq cents ans, qui fait voir l'écroulement de l'architecture. Toutes les formes mortes de ce grand art sont là, pêle-mêle, se heurtant par les angles, démolies l'une par l'autre, comme ensevelies dans ces tombes : l'ogive et le plein cintre, l'arc surbaissé de Charles-Quint, le fronton échancré de Henri III, la colonne torse de Louis XIII, la chicorée de Louis XV. Toutes ces fantaisies successives de la pensée humaine, accrochées au mur comme des tableaux dans un salon, encadrent des épitaphes. Une idée unique est au centre de ces créations éblouissantes de l'art, — la mort. La végétation variée et vivante de l'architecture fleurit autour de cette idée.

Au centre du cloître il y a une petite cour carrée pleine de cette belle herbe épaisse qui pousse sur les morts.

Dans l'intérieur de l'église, outre les tombes dont je vous ai parlé dans ma dernière lettre, j'ai trouvé des stalles en menuiserie du quinzième et du seizième siècle. Ces petits édifices en bois ciselé sont pour moi des livres très-amusants à lire; chaque stalle est un chapitre. La grande boiserie d'Amiens est l'Iliade de ces épopées.

La chaire, qui est du quinzième siècle, sort du pavé comme une grosse tulipe de pierre, enchevêtrée sous un réseau d'inextricables nervures. Ils ont mis à cette belle fleur une coiffe absurde, comme à Freiburg. — En général, le calvinisme, sans mauvaise intention d'ailleurs, a malmené cette pauvre église; il l'a badigeonnée, il a blanchi les fenêtres, il a masqué d'une balustrade à mollets le bel ordre roman des hautes traversées de la nef, et puis il a répandu sous cette belle voûte catholique je ne sais quelle atmosphère puritaine qui ennuie. La vieille cathédrale du prince-évêque de Bâle, lequel portait d'argent à la crosse de sable, n'est plus qu'une chambre protestante.

Pourtant le méthodisme a respecté les chapiteaux romans du chœur, qui sont des plus mystérieux et des plus remarquables; il a respecté la crypte placée sous l'autel, où il y a des piliers du douzième siècle et des peintures du treizième. Quelques monstres romans, d'une difformité chimérique, arrachés de je ne sais quelle église ancienne, disparue, gisent là, sur le sombre pavé de cette crypte, comme des dogues endormis. Ils sont si effrayants, qu'on marche auprès d'eux, dans l'ombre, avec quelque peur de les réveiller.

La vieille femme qui me conduisait m'a offert de me montrer les archives de la cathédrale; j'ai accepté. Voici ce que c'est que ces archives : un immense coffre en bois sculpté du quinzième siècle, magnifique, mais vide. — Quand on entre dans la chambre des archives, on entend un bâillement effroyable : c'est le grand coffre qui s'ouvre. — Je reprends. Une vaste armoire du même temps, à mille tiroirs. J'ai ouvert quelques-uns de ces tiroirs; ils sont vides. Dans un ou deux j'ai trouvé de petites gravures représentant Zurich, Berne, ou le mont Rigi; dans le plus grand il y a une image de quelques hommes accroupis autour d'un feu; au bas de cette image, qui est du goût le plus suisse, j'ai lu cette inscription : *Bivoic des Bohémiens*. Ajoutez à cela quelques vieilles bombes en fer posées sur l'appui d'une fenêtre, une masse d'armes, deux épieux de paysan suisse qui ont peut-être martelé Charles le Téméraire sous leurs quatre rangées de clous disposées en mâchoire de requin, de médiocres reproductions en cire de la *Danse macabre* de Jean Klauber, détruite en 1805 avec le cimetière des Dominicains; une table chargée de fossiles de la forêt Noire; deux briques-faïences assez curieuses du seizième siècle; un Almanach de Liége pour 1837, et vous aurez les archives de la cathédrale de Bâle. On arrive à ces archives par une belle grille noire, touffue, tordue et savamment brouillée, qui a quatre cents ans. Des oiseaux et des chimères sont perchés çà et là dans ce sombre feuillage de fer.

Du haut des clochers la vue est admirable. J'avais sous mes pieds, à une profondeur de trois cent cinquante pieds, le Rhin large et vert; autour de moi le grand Bâle, devant moi le petit Bâle : car le Rhin a fait de la ville deux morceaux; et, comme dans toutes les villes que coupe une rivière, un côté s'est développé aux dépens de l'autre. A Paris, c'est la rive droite; à Bâle, c'est la rive gauche. Les deux Bâle communiquent par un long pont de bois, souvent rudoyé par le Rhin, qui n'a plus de piles de pierre que d'un seul côté, et au centre duquel se découpe une jolie tourelle-guérite du quinzième siècle. Les deux villes font au Rhin des deux côtés une broderie ravissante de pignons taillés, de façades gothiques, de toits à girouettes, de tourelles et de tours. Cet ourlet d'anciennes maisons se répète sur le Rhin et s'y renverse. Le pont reflété prend l'aspect étrange d'une grande échelle couchée d'une rive à l'autre. Des bouquets d'arbres et une foule de jardins suspendus aux devantures des maisons se mêlent aux zigzags de toutes ces vieilles architectures. Les croupes des églises, les tours des enceintes fortifiées, font de gros nœuds sombres auxquels se rattachent, de temps en temps, les lignes capricieuses qui courent en tumulte des clochers aux pignons, des pignons aux lucarnes. Tout cela rit, chante, parle, jase, jaillit, rampe, coule, marche, danse, brille au milieu d'une haute clôture de montagnes qui ne s'ouvre à l'horizon que pour laisser passer le Rhin.

Je suis redescendu dans la ville, qui abonde en fantaisies exquises, en portes bien imaginées, en ferrures extravagantes, en constructions curieuses de toutes les époques. Il y a, entre autres, un grand logis qui sert aujourd'hui de hangar à un roulage, et qui a à toutes les baies, guichets, portes, fenêtres, des nœuds gordiens de nervures, souvent tranchés par l'architecte et les plus bizarres du monde. Je n'ai rien rencontré de pareil nulle part. La pierre est là tordue et tricotée comme de l'osier. Vous pouvez voir des anses de panier en Normandie; mais, pour voir le panier tout entier, il faut venir à Bâle. Près de ce roulage, j'ai visité l'ancienne maison des armuriers, bel édifice du seizième siècle, avec des peintures en plein air sur la devanture, dans lesquelles Vénus et la Vierge sont fort accortement mêlées.

L'hôtel de ville est du même temps. La façade, surmontée d'un homme d'armes empanaché qui porte l'écu de la ville, serait belle si elle n'était badigeonnée (en rouge, toujours!), et, qui plus est, ornée d'affreux personnages peints accoudés à un balcon figuré qui est dans le style gothique de 1810. La cour intérieure a subi le même tatouage. Le grand escalier aboutit à deux statues : l'une, qui est en bas, est un fort beau guerrier de la renaissance qui a la prétention de représenter le consul romain Munatius Plancus; l'autre, qui est en haut, au coin de l'imposte d'une porte surbaissée, est un valet de ville qui tient une lettre à la main; il est peint vêtu mi-parti de noir et de blanc, qui est le blason de la ville, et la lettre, bien pliée, a un cachet rouge. Ce valet de ville gothique a surnagé sur toutes les révolutions de l'Europe. Je l'avais rencontré le matin même près de l'hôtel des *Trois-Rois*, allant par la ville, bien portant et bien vivant, précédé de son homme d'armes portant une épée; ce qui faisait beaucoup rire quelques commis marchands, lesquels lisaient le *Constitutionnel* à la porte d'un estaminet.

Une fraîche servante est sortie tout à coup de la porte surbaissée; elle m'a adressé quelques paroles en allemand, et, comme je ne la comprenais pas, je l'ai suivie. Bien m'en a pris. La bonne fille m'a introduit dans une chambre où il y a un escalier à vis des plus exquis, puis dans une salle toute en chêne poli, avec de beaux vitraux aux croisées et une superbe porte de la renaissance à la place où nous mettons d'ordinaire la cheminée : ici, comme en Alsace, comme en Allemagne, il n'y a pas de cheminées, il y a des poêles. Voyant toutes ces merveilles, j'ai donné à la gracieuse fille une belle pièce d'argent de France qui l'a fait sourire.

Sur l'escalier de cet hôtel de ville il y a une curieuse fresque du *Jugement dernier*, qui est du seizième siècle.

Je n'aurais pas quitté Bâle sans visiter la bibliothèque. Je savais que Bâle est pour les Holbein ce que Francfort est pour les Albert Durer. A la bibliothèque, en effet, c'est un nid, un tas, un encombrement; de quelque côté qu'on se tourne, tout est Holbein. Il y a Luther, il y a Érasme, il y a Mélanchthon, il y a Catherine de Bora, il y a Holbein lui-même, il y a la femme de Holbein, belle femme d'une quarantaine d'années, encore charmante, qui a pleuré et qui rêve entre ses deux enfants pensifs, qui vous regarde comme une femme qui a souffert, et qui pourtant vous donne envie de baiser son beau cou. Il y a aussi Thomas Morus avec toute sa famille, avec son père et ses enfants, avec son singe, car le grave chancelier aimait les singes. Et puis il y a deux *Passions*, l'une peinte, l'autre dessinée à la plume, deux *Christ mort*, admirables cadavres qui font tressaillir. Tout cela est de Holbein; tout cela est divin de réalité, de poésie et d'invention. J'ai toujours aimé Holbein ; je trouve dans sa peinture les deux choses qui me touchent, la tristesse et la douceur.

Outre les tableaux, la bibliothèque a des meubles : force bronzes romains trouvés à Augst, un coffre chinois, une tapisserie-portière de Venise, une prodigieuse armoire du seizième siècle (dont on a déjà *offert douze mille francs*, me disait mon guide), et enfin la table de la diète des treize cantons. C'est une magnifique table du seizième siècle, portée par des guivres, des lions et des satyres qui soutiennent le blason de Bâle, ciselée aux armes des cantons, incrustée d'étain, de nacre et d'ivoire; table autour de laquelle méditaient ces avoyers et ces landammans redoutés des empereurs; table qui faisait lire à ces gouverneurs d'hommes cette solennelle inscription : *Supra naturam præsto est Deus*. — Elle est, du reste, en mauvais état. La bibliothèque de Bâle est assez mal tenue; les objets y sont rangés comme des écailles d'huîtres. J'ai vu sur un bahut un petit tableau de Rubens qui est posé debout contre une pile de bouquins, qui a déjà dû tomber bien des fois, car le cadre est tout brisé. — Vous voyez qu'il y a un peu de tout dans cette bibliothèque, des tableaux, des meubles, des étoffes rares; il y a aussi quelques livres.

Mon ami, j'arrête ici cette lettre, griffonnée, comme vous le pouvez voir, sur je ne sais quel papyrus égyptien plus poreux et plus altéré qu'une éponge. Voici un supplice que j'enregistre parmi ceux que je ne souhaite pas à mes pires ennemis : écrire avec une plume qui crache sur du papier qui boit.

LETTRE XXXIV

LETTRE XXXIV

—

ZURICH

L'auteur entend un tapage nocturne, se penche et reconnaît que c'est une révolution. — Sérénité de la nuit. — Vénus. — Choses violentes mêlées aux petites choses. — Enceinte murale de Bâle. — Quel succès les Bâlois obtiennent dans le redoutable fossé d leur ville. — Familiarités hardies de l'auteur avec une gargouille. — Les portes de Bâle. — L'armée de Bâle. — Une fontaine en mauvais lieu. — Route de Bâle à Zurich. — Creuzach. — Augst. — L'Ergolz. — Warmbach. — Rhinfelden. — Une fontaine en bon lieu. — L'auteur prend place parmi les chimistes.

9 septembre.

Je suis à Zurich. Quatre heures du matin viennent de sonner au beffroi de la ville avec accompagnement de trompettes. J'ai cru entendre la diane, j'ai ouvert ma fenêtre. Il fait nuit noire, et personne ne dort. La ville de Zurich bourdonne comme une ruche irritée. Les ponts de bois tremblent sous le pas mesuré des bataillons qui passent confusément dans l'ombre. On entend le tambour dans les collines. Des *Marseillaises* alpestres se chantent devant les tavernes allumées au coin des rues. Des bisets zurichois font l'exercice dans une petite place voisine de l'*hôtel de l'Épée*, que j'habite, et j'entends les commandements en français : *Portez arme! arme bras!* — De la chambre à côté de la mienne une jeune fille leur répond par un chant tendre, héroïque et monotone, dont l'air m'explique les paroles. Il y a une lucarne éclairée dans le beffroi et une autre dans les hautes flèches de la cathédrale. La lueur de ma chandelle illumine vaguement un grand drapeau blanc étoilé de zones bleues, qui est accroché au quai. On entend des éclats de rire, des cris, des bruits de portes qui se ferment, des cliquetis bizarres. Des ombres passent et repassent partout. Une joyeuse rumeur de guerre tient ce petit peuple éveillé. Cependant, sous le reflet des étoiles, le lac vient majestueusement murmurer jusqu'auprès de ma fenêtre toutes ces paroles de tranquillité, d'indulgence et de paix que la nature dit à l'homme. Je regarde se décomposer et se recomposer sur les vagues les sombres moires de la nuit. Un coq chante, et là-haut, là-haut, à ma gauche, au-dessus de la cathédrale, entre les deux clochers noirs, Vénus étincelle comme la pointe d'une lance entre deux créneaux.

C'est qu'il y a une révolution à Zurich. Les petites villes veulent faire comme les grandes. Tout marquis veut avoir un page. Zurich vient de tuer son bourgmestre et de changer son gouvernement.

Moi, puisqu'ils m'ont éveillé, je profite de cela pour vous écrire, mon ami. Voilà ce que vous gagnerez à cette révolution.

Le jour se levait hier matin quand j'ai quitté Bâle. La route qui mène à Zurich côtoie pendant un demi-quart de lieue les vieilles tours de la ville. Je ne vous ai pas parlé des tours de Bâle; elles sont pourtant remarquables, toutes de formes et de hauteurs différentes, séparées les unes des autres par une enceinte crénelée appuyée sur un fossé formidable où la ville de Bâle cultive avec succès les pommes de terre. Du temps des arcs et des flèches cette enceinte était une forteresse redoutable; maintenant ce n'est plus qu'une chemise.

Les entrées de la ville sont encore ornées de ces belles herses du quatorzième siècle, dont les dents crochues garnissent le haut des portes, si bien qu'en sortant d'une tour, on croit sortir de la gueule d'un monstre. A propos, avant-hier, au plus haut de la flèche de Bâle, il y avait une gargouille qui me regardait fixement; je me suis penché, je lui ai mis résolûment la main dans la gueule, il n'en a été que cela. Vous pouvez compter la chose aux gens qui s'émerveillent de Van Amburgh.

Presque toutes les entrées du grand Bâle sont

des portes-forteresses d'un beau caractère, surtout celle qui mène au polygone, fier donjon à toit aigu, flanqué de deux tourelles, orné de statues comme la porte de Vincennes et l'ancienne porte du vieux Louvre. Il va sans dire qu'on l'a ratissé, raboté, mastiqué et badigeonné (en rouge). Deux archers sculptés dans les créneaux sont curieux. Ils appuient contre le mur leurs souliers à la poulaine et semblent soutenir avec d'énormes efforts les armes de la ville, tant elles sont lourdes à porter. En ce moment passait sous la porte un peloton d'environ deux cents hommes qui revenaient du polygone avec un canon. Je crois que c'est l'armée de Bâle.

Près de cette porte est une délicieuse fontaine de la renaissance qui est couverte de canons, de mortiers et de piles de boulets sculptés autour de son bassin, et qui jette son eau avec le gazouillement d'un oiseau. Cette pauvre fontaine est honteusement mutilée et dégradée; la colonne centrale était chargée de figures exquises dont il ne reste plus que des torses, et par-ci, par-là, un bras ou une jambe. Pauvre chef-d'œuvre violé par tous les soudards de l'arsenal! — Mais je reprends la route de Bâle à Zurich.

Pendant quatre heures, jusqu'à Rhinfelden, elle côtoie le Rhin dans une vallée ravissante où pleuvaient, du haut des nuages, toutes les lueurs humides du matin. On laisse à gauche Creuzach, dont la haute tour, tachée d'un cadran blanc, s'aperçoit des clochers de Bâle; puis on traverse Augst. Augst, voilà un nom bien barbare. Eh bien, ce nom, c'est Augusta. Augst est une ville romaine, la capitale des Rauraques, l'ancienne Raurica, l'ancienne Augusta Rauracorum, fondée par le consul Munatius Plancus, auquel les Bâlois ont érigé une statue dans leur hôtel de ville, avec épitaphe rédigée par un brave pédant qui s'appelait Beatus Rhenanus. Voilà une bien grosse gloire, disais-je, et une bien petite ville. En effet, l'Augusta Rauracorum n'est plus maintenant qu'un adorable décor pour un vaudeville suisse. Un groupe de cabanes pittoresques, posé sur un rocher, rattaché par deux vieilles portes-forteresses; deux ponts moisis, sous lesquels galope un joli torrent, l'Ergolz, qui descend de la montagne en écartant les branches des arbres; un bruit de roues de moulin, des balcons de bois égayés de vignes, un vieux cimetière où j'ai remarqué en passant une tombe étrange du quatrième siècle, et qui a l'air de s'écrouler dans le Rhin, auquel il est adossé : voilà Augst, voilà Raurica, voilà Augusta. Le sol est bouleversé par les fouilles. On en tire un tas de petites statuettes de bronze dont la bibliothèque de Bâle se fait un petit Dunkerque.

Une demi-heure plus loin, sur l'autre rive du Rhin, ce joli ruban de vieilles maisons de bois, coupé par une cascade, c'est Warmbach. Et puis, après une demi-lieue d'arbres, de ravins et de prairies, le Rhin s'ouvre; au milieu de l'eau s'accroupit un gros rocher couvert de ruines et rattaché aux deux rives par un pont couvert, bâti en bois, d'un aspect singulier. Une petite ville gothique, hérissée de tours, de créneaux et de clochers, descend en désordre vers ce pont : c'est Rhinfelden, une cité militaire et religieuse, une des quatre villes forestières, un lieu célèbre et charmant. Cette ruine au milieu du Rhin, c'est l'ancien château, qu'on appelle la Pierre-de-Rhinfelden. Sous ce pont de bois qui n'a qu'une arche, au delà du rocher, du côté opposé à la ville, le Rhin n'est plus un fleuve, c'est un gouffre. Force bateaux s'y perdent tous les jours. — Je me suis arrêté un grand quart d'heure à Rhinfelden. Les enseignes des auberges pendent à d'énormes branches de fer touffues, les plus amusantes du monde. La grande rue est réjouie par une belle fontaine dont la colonne porte un noble homme d'armes qui porte lui-même les armes de la ville de son bras élevé fièrement au-dessus de sa tête.

Après Rhinfelden jusqu'à Bruck, le paysage reste charmant; mais l'antiquaire n'a rien à regarder, à moins qu'il ne soit comme moi plutôt curieux qu'archéologue, plutôt flâneur de grandes routes que voyageur. Je suis un grand regardeur de toutes

LETTRE XXXV

choses, rien de plus; mais je crois avoir raison : toute chose contient une pensée; je tâche d'extraire la pensée de la chose. C'est une chimie comme une autre.

den, trois hommes ferraient une vache qui avait l'air très-bête, empêchée et prise dans le travail. A Augst, un pauvre arbre difforme, appuyé sur fourche, servait de cheval aux petits garçons du village, gamins qui ont Rome pour aïeule. Près de la porte de Bâle, un homme battait sa femme, ce que les paysans font comme les rois. Buckingham ne disait-il pas à madame de Chevreuse *qu'il avait aimé trois reines, et qu'il avait été obligé de les gourmer toutes les trois!* A cent pas de Frick, je voyais une ruche posée sur une planche au-dessus de la porte d'une cabane. Les laboureurs entraient et sortaient par la porte de la cabane, les abeilles entraient et sortaient par la porte de la ruche; hommes et mouches faisaient le travail du bon Dieu.

Tout cela m'amuse et me ravit. A Freiburg, j'ai oublié longtemps l'immense paysage que j'avais sous les yeux pour le carré de gazon dans lequel j'étais assis. C'était une petite bosse sauvage de la colline. Là aussi il y avait un monde. Les scarabées marchaient lentement sous les fibres profondes de la végétation; des fleurs de ciguë en parasol imitaient les pins d'Italie; une longue feuille, pareille à une cosse de haricots entr'ouverte, laissait voir de belles gouttes de pluie comme un collier de diamants dans un écrin de satin vert; un pauvre bourdon mouillé, en velours jaune et noir, remontait péniblement le long d'une branche épineuse; des nuées épaisses de moucherons lui cachaient le jour; une clochette bleue tremblait au vent, et toute une nation de pucerons s'était abritée sous cette énorme tente; près d'une flaque d'eau qui n'eût pas rempli une cuvette, je voyais sortir de la vase et se tordre vers le ciel, en aspirant l'air, un ver de terre semblable aux pythons antédiluviens, et qui a peut-être aussi lui, dans l'univers microscopique, son Hercule pour le tuer et son Cuvier pour le décrire. En somme, cet univers-là est aussi grand que l'autre. Je me supposais Micromégas; mes scarabées étaient des *megatherium giganteum,* mon bourdon était un éléphant ailé, mes moucherons étaient des aigles, ma cuvette d'eau était un lac, et ces trois touffes d'herbe haute étaient une forêt vierge. — Vous me reconnaissez là, n'est-ce pas, ami? — A Rhinfelden, les exubérantes enseignes d'auberge m'ont occupé comme des cathédrales; et j'ai l'esprit fait ainsi, qu'à de certains moments un étang de village, clair comme un miroir d'acier, entouré de chaumières et traversé par une flottille de canards, me régale autant que le lac de Genève.

A Rhinfelden, on quitte le Rhin et on ne le revoit plus qu'un instant à Sekingen : laide église, pont de bois couvert, ville insignifiante au fond d'une délicieuse vallée. Puis la route court à tra-

LETTRE XXXV

ZURICH

Paysage. — Tableaux flamands en Suisse. — La vache. — Le cheval qui ne se cabre jamais. — Le rustre qui se comporte avec le beau sexe comme s'il était élève de Buckingham. — La ruche et la cabane. — Microcosme. — Le grand et le petit. — Sekingen. — La vallée de l'Aar. — Quelle ruine fameuse la domine. — Brugg. — L'auteur, après une longue et patiente étude, donne une foule de détails scientifiques et importants touchant la *tête de Hun* qui est sculptée dans la muraille de Brugg. — Costumes et coutumes. — Les femmes et les hommes à Brugg. — Chose qui se comprend partout, excepté à Brugg. — L'auteur décrit, dans l'intérêt de l'art, une coiffure qui est à toutes les coiffures connues ce que l'ordre composite est aux quatre ordres réguliers. — Danger de mal prononcer le premier mot d'une proclamation. — Baden. — La Limmat. — Fontaine qui ressemble à une arabesque dessinée par Raphaël. — *Aquæ verbigenæ*. — Soleil couchant. — Paysage. — Sombre vision et sombre souvenir. — Les villages. — Théorie de la chaumière zuriquoise. — Le voyageur s'endort dans la voiture. — Où et comment il se réveille. — Une crypte

LETTRE XXXV

comme il n'en a jamais vu. — Zurich au grand jour. — L'auteur dit beaucoup de mal de la ville et beaucoup de bien du lac. — La gondole-fiacre. — L'auteur s'explique l'émeute de Zurich. — Le fond du lac. — A qui la ville de Zurich doit beaucoup plaire. — Qu'est devenue la tour de Wellemberg? — L'auteur cherche à nuire à l'*hôtel de l'Épée* par la raison qu'il y a été fort mal. — Un vers de Ronsard dont l'hôtelier pourrait faire son enseigne: — Étymologie, archéologie, topographie, érudition, citation et économie politique en huit lignes. — Où l'auteur prouve qu'il a les bras longs.

Septembre.

Quand on voyage en plaine, l'intérêt du voyage est au bord de la route; quand on parcourt un pays de montagnes, il est à l'horizon. Moi, — même avec cette admirable ligne du Jura sous les yeux, — je veux tout voir, et je regarde autant le bord du chemin que le bord du ciel. C'est que le bord de la route est admirable dans cette saison et dans ce pays. Les prés sont piqués de fleurs bleues, blanches, jaunes, violettes, comme au printemps; de magnifiques ronces égratignent au passage la caisse de la voiture; çà et là, des talus à pic imitent la forme des montagnes, et des filets d'eau gros comme le pouce parodient les torrents; partout les araignées d'automne ont tendu leurs hamacs sur les mille pointes des buissons : la rosée s'y roule en grosses perles.

Et puis, ce sont des scènes domestiques où se révèlent les originalités locales. Près de Rhinfel-

vers de joyeux villages, sur un large et haut plateau autour duquel on voit bondir au loin le troupeau monstrueux des montagnes.

Tout à coup on rencontre un bouquet d'arbres près d'une auberge, on entend le bruit de la roue qui s'enraye, et la route plonge dans l'éblouissante vallée de l'Aar.

L'œil se jette d'abord au fond du ciel et y trouve, pour ligne extrême, des crêtes rudes, abruptes et rugueuses, que je crois être les cimes Grises; puis il va au bas de la vallée chercher Brugg, belle petite ville roulée et serrée dans une ligature pittoresque de murs et de créneaux, avec pont sur l'Aar; puis il remonte le long d'une sombre ampoule boisée et s'arrête à une haute ruine. Cette ruine, c'est le château de Habsbourg, le berceau de la maison d'Autriche. J'ai regardé longtemps cette tour, d'où s'est envolée l'aigle à deux têtes.

L'Aar, obstrué de rochers, déchire en caps et en promontoires le fond de la vallée. Ce beau paysage est un des grands lieux de l'histoire. Rome s'y est battue, la fortune de Vitellius y a écrasé celle de Galba, l'Autriche y est née. De ce donjon croulant, bâti au onzième siècle par un simple gentilhomme d'Alsace appelé Radbot, découle sur toute l'histoire de l'Europe moderne le fleuve immense des archiducs et des empereurs.

Au nord, la vallée se perd dans une brume. Là

est le confluent de l'Aar, de la Reuss et de la Limmat. La Limmat vient du lac de Zurich et apporte les fontes du mont Todi; l'Aar vient des lacs de Thun et de Brientz, et apporte les cascades du Grimsell; la Reuss vient du lac des Quatre-Cantons, et apporte les torrents du Rigi, du Windgalle et du mont Pilate. Le Rhin porte tout cela à l'Océan.

Tout ce que je viens de vous écrire, ces trois rivières, cette ruine et la forme magnifique des blocs que ronge l'Aar, emplissaient ma rêverie pendant que la voiture descendait au galop vers Brugg. Tout à coup j'ai été réveillé par la manière charmante dont se compose la ville quand on en approche. C'est un des plus ravissants tohu-bohu de toits, de tours et de clochers que j'aie encore vus. Je m'étais toujours promis, si jamais j'allais à Brugg, de faire grande attention à un très-ancien bas-relief incrusté dans la muraille près du pont, qui, dit-on, représente une tête de Hun. Comme c'était dimanche, le pont était couvert d'un tas de jolies filles curieuses, souriantes, dans leurs plus beaux atours, si bien que j'ai oublié la tête du Hun.

Quand je m'en suis souvenu, la ville était à une lieue derrière moi.

Avec leur cocarde de rubans sur le front, moins exagérée qu'à Freiburg, leur cuirasse de velours

noir traversée de chaînes d'argent et de rangées de
boutons, leur cravate de velours à coins brodés
d'or, serrée au cou comme le gorgeret de fer des
chevaliers, leur jupe brune à plis épais et leur
mine éveillée, les femmes de Brugg paraissent
toutes jolies; beaucoup le sont. Les hommes sont
habillés comme nos maçons endimanchés, et sont
affreux. Je comprends qu'il y ait des amoureux
à Brugg; je ne conçois pas qu'il y ait des amou-
reuses.

La ville, propre, saine, heureuse d'aspect, faite
de jolies maisons presque toutes ouvragées, n'est
pas moins appétissante au dedans qu'au dehors.
Une chose singulière, c'est que les deux sexes,
dans leurs réunions du dimanche, y jouent le jeu
d'Alphée et d'Aréthuse. Quand j'ai traversé la ville,
j'ai vu toutes les femmes à la porte du Pont, et
tous les hommes à l'autre bout de la grande rue,
à la porte de Zurich. Dans les champs, les sexes ne
se mêlent pas davantage; on rencontre un groupe
d'hommes, puis un groupe de femmes; cet usage,
que les enfants eux-mêmes subissent, est propre
à tout le canton et va jusqu'à Zurich. C'est une
chose étrange, et, comme beaucoup de choses
étranges, c'est une chose sage. Dans ce pays de
séve et de beauté, de nature exubérante et de costumes exquis, la nature tend à rendre l'homme
entreprenant, le costume rend la femme coquette;

la coutume intervient, sépare les sexes et pose une barrière.

Cette vallée, du reste, n'est pas seulement un confluent de rivières, c'est aussi un confluent de costumes. On passe la Reuss, la cuirasse de velours noir devient un corselet de damas à fleurs, au beau milieu duquel elles cousent un large galon d'or. On passe la Limmat, la jupe brune devient une jupe rouge avec un tablier de mousseline brodée. Toutes les coiffures se mêlent également; en dix minutes on rencontre de belles filles avec de grands peignes exorbitants comme à Lima, avec des chapeaux de paille noire à haute forme comme à Florence, avec une dentelle sur les yeux comme à Madrid. Toutes ont un bouquet de fleurs naturelles au côté. Raffinement.

La variété des coiffures est telle, que je m'attendais à tout. Après le pont de la Reuss, il y a une petite côte. Je la montais à pied. Je vois venir à moi une vieille femme coiffée d'une espèce de vaste sombrero espagnol en cuir noir, dans l'ornement duquel entraient pour couronnement une paire de bottes et un parapluie. J'allais enregistrer cette figure bizarre, quand je me suis aperçu que cette bonne femme portait tout simplement sur sa tête la valise d'un voyageur. Le voyageur suivait à quelques pas; brave homme qui se piquait probablement de parler français, et qui m'a accosté pour me raconter la révolution de Zurich. Tout ce que j'y ai pu comprendre, à travers force baragouin, c'est qu'il y avait eu une proclamation du bourgmestre, et que cette proclamation commençait ainsi : *Braves Iroquois!* — Je présume que le digne homme voulait dire : *Braves Zuriquois.*

La vallée de l'Aar a deux bracelets charmants : Brugg qui l'ouvre, Baden qui la ferme. Baden est sur la Limmat. On suit depuis une demi-heure le bord de la Limmat, qui fait un tapage horrible au fond d'un charmant ravin dont tous les éboulements sont plantés de vignes. Tout à coup une porte-donjon à quatre tourelles barre la route; au-dessous de cette porte se précipitent pêle-mêle dans le ravin des maisons de bois dont les mansardes semblent se cahoter; au-dessus, parmi les arbres, se dresse un vieux château ruiné dont les créneaux font une crête de coq à la montagne. Tout au fond, sous un pont couvert, la Limmat passe en toute hâte sur un lit de rochers qui donne aux vagues une forme violente. Et puis on aperçoit un clocher à tuiles de couleur qui semble revêtu d'une peau de serpent. C'est Baden.

Il y a de tout à Baden : des ruines gothiques, des ruines romaines, des eaux thermales, une statue d'Isis, des fouilles où l'on trouve force dés à jouer, un hôtel de ville où le prince Eugène et le

RHIN, III. — 7

maréchal de Villars on échangé des signatures, etc. Comme je voulais arriver à Zurich avant la nuit, je me suis contenté de regarder sur la place, pendant qu'on changeait de chevaux, une charmante fontaine de la renaissance, surmontée, comme celle de Rhinfelden, d'une hautaine et sévère figure de soldat. L'eau jaillit par la gueule d'une effrayante guivre de bronze qui roule sa queue dans les ferrures de la fontaine. Deux pigeons familiers s'étaient perchés sur cette guivre, et l'un d'eux buvait en trempant son bec dans le filet d'eau arrondi qui tombait du robinet dans la vasque, fin comme un cheveu d'argent.

Les Romains appelaient les eaux thermales de Baden les *eaux bavardes* (*aquæ verbigenæ*). — Quand je vous écris, mon ami, il me semble que j'ai bu de cette eau.

Le soleil baissait, les montagnes grandissaient, les chevaux galopaient sur une route excellente en sens inverse de la Limmat; nous traversions une région toute sauvage : sous nos pieds il y avait un couvent blanc à clocher rouge, semblable à un jouet d'enfant; devant nos yeux, une montagne à forme de colline, mais si haute, qu'une forêt y semblait une bruyère; dans le jardin sévère du couvent, un moine blanc se promenait, causant avec un moine noir; par-dessus la montagne, une vieille tour montrait à demi sa face rougie par le soleil horizontal. Qu'était cette masure! Je ne sais. Conrad de Tagerfelden, un des meurtriers de l'empereur Albert, avait son château dans cette solitude. — En était-ce la ruine? — Moi, je ne suis qu'un passant, et j'ignore tout; j'ai laissé leur secret à ces lieux sinistres, mais je ne pouvais m'empêcher de songer vaguement au sombre attentat de 1308 et à la vengeance d'Agnès, pendant que cette tour sanglante, cachée peu à peu par les plis du terrain, rentrait lentement dans la montagne.

La route a tourné : une crevasse inattendue a laissé passer un immense rayon du couchant; les villages, les fumées, les troupeaux et les hommes ont reparu, et la belle vallée de la Limmat s'est remise à sourire. Les villages sont vraiment remarquables dans ce canton de Zurich. Ce sont de magnifiques chaumières composées de trois compartiments. A un bout, la maison des hommes, en bois et en maçonnerie, avec ses trois étages de fenêtres-croisées basses, à petits vitraux ronds; à l'autre bout, la maison des bêtes, étable et écurie, en planches; au centre, le logis des chariots et des ustensiles, fermé par une grande porte cochère. Dans le faîtage, qui est énorme, la grange et le grenier. Trois maisons sous un toit. Trois têtes sous un bonnet. Voilà la chaumière zuriquoise. Comme vous voyez, c'est un palais.

La nuit était tout à fait tombée, je m'étais tout

platement endormi dans la voiture, quand un bruit de planches sous le piétinement des chevaux m'a réveillé. J'ai ouvert les yeux. J'étais dans une espèce de caverne en charpente de l'aspect le plus singulier. Au-dessus de moi, de grosses poutres courbées en cintres surbaissés et arc-boutées d'une manière inextricable portaient une voûte de ténèbres; à droite et à gauche, de basses arcades faites de solives trapues me laissaient entrevoir deux galeries obscures et étroites, percées çà et là de trous carrés par lesquels m'arrivaient la brise de la nuit et le bruit d'une rivière. Tout au fond, à l'extrémité de cette étrange crypte, je voyais briller vaguement des baïonnettes. La voiture roulait lentement sur un plancher des fentes duquel sortait une rumeur assourdissante. Une torche éloignée, qui tremblait au vent, jetait des clartés mêlées d'ombres sur ces massives arches de bois. J'étais dans le pont couvert de Zurich. Des patrouilles bivaquaient alentour. Rien ne peut donner une idée de ce pont, vu ainsi et à cette heure. Figurez-vous la forêt d'une cathédrale posée en travers sur un fleuve et s'ébranlant sous les roues d'une diligence.

Pendant que je vous écris tout ce fatras, le jour a paru. Je suis un peu désappointé. Zurich perd au grand jour; je regrette les vagues profils de la nuit. Les clochers de la cathédrale sont d'ignobles poivrières. Presque toutes les façades sont ratissées et blanchies au lait de chaux. J'ai à ma gauche une espèce d'hôtel Guénégaud. Mais le lac est beau; mais là-bas, la barrière des Alpes est admirable. Elle corrige ce que le lac, bordé de maisons blanches et de cultures vertes, a peut-être d'un peu trop riant pour moi. Les montagnes me font toujours l'effet de tombes immenses; les basses ont un noir suaire de mélèzes, les hautes ont un blanc linceul de neige.

Quatre heures après midi.

Je viens de faire une promenade sur le lac dans une façon de petite gondole à trente sous par heure, comme un fiacre. J'ai jeté généreusement trois francs dans le lac de Zurich; je les regrette un peu. C'est beau, mais c'est bien aimable. Ils ont un New-Munster qu'ils vous montrent avec orgueil et qui ressemble à l'église de Pantin. Les sénateurs zuriquois habitent des villas de plâtre, lesquelles ont un faux air des guinguettes de Vaugirard. Dieu me pardonne! j'ai vu passer un omnibus, comme à Passy. Je ne m'étonne plus si ces gaillards-là font des révolutions.

Heureusement l'eau bleue du lac est transparente. Je voyais, dans des profondeurs vitreuses, des montagnes au fond du lac et des forêts sur ces montagnes. Des rochers et des algues me figuraient assez bien la terre noyée par le déluge, et, en me penchant sur le bord de mon fiacre à deux rames, j'avais les émotions de Noé quand il se mettait à la fenêtre de l'arche. De temps en temps je voyais passer de gros poissons zébrés de rubans noirs comme des tigres. J'ai sauvé du bout de ma canne deux ou trois mouches qui se noyaient.

La ville doit beaucoup plaire aux personnes qui adorent la façade du séminaire de Saint-Sulpice. On y bâtit en ce moment des édifices superbes, dont l'architecture rappelle la Madeleine et le corps de garde du boulevard du Temple. Quant à moi, en mettant à part le portail roman de la cathédrale, quelques vieilles maisons perdues et comme noyées dans les neuves, deux aiguilles d'église et trois ou quatre tours d'enceinte, dont une, qui est énorme, ressemble au ventre pantagruélique d'un bourgmestre, je ne suis pas digne d'admirer Zurich. J'ai vainement cherché la fameuse tour de Wellemberg, qui était au milieu de la Limmat, et qui avait servi de prison au comte de Habsbourg et au conseiller Waldman, décapité en 1488. L'aurait-on démolie ?

Pendant que je suis en train, pardieu, parlons de l'auberge ! A l'*hôtel de l'Épée*, le voyageur n'est pas écorché ; il est savamment disséqué. L'hôtelier vous vend la vue de son lac à raison de huit francs par fenêtre et par jour. La chère que l'on fait à l'*hôtel* de *l'Épée* m'a rappelé un vers de Ronsard, qui, à ce qu'il paraît, dînait mal :

. . . . La vie est attelée
A deux mauvais chevaux, le boire et le manger.

Nulle part ces deux chevaux ne sont plus mauvais qu'à *l'hôtel de l'Épée.*

A propos, je ne vous ai pas dit que Zurich s'appelait autrefois *Turegum.* La Limmat le divise en deux villes, le grand Zurich et le petit Zurich, que réunissent trois beaux ponts, *sur lesquels les bourgeois se promènent souvent*, dit Georges Bruin de Cologne. La vigne est bien exposée au soleil. Il y a le vin de Zurich et le blé de Zurich.

Je vous embrasse, quoique je sois à treize cent vingt pieds au-dessus de vous.

LETTRE XXXVI

LETTRE XXXVI

ZURICH

Il pleut. — Description d'une chambre. — Reflet du dehors dans l'intérieur. — Le voyageur prend le parti de fouiller dans les armoires. — Ce qu'il y trouve. — *Amours secrètes et aventures honteuses de Napoléon Buonaparté.* — Le livre. — Les estampes. — 1814. — 1840. — Choses curieuses. — Choses sérieuses. — Il pleut.

Septembre.

J'ai quitté l'hôtel de l'Épée. Je suis venu me loger dans la ville, n'importe où. Je n'ai plus la mauvaise auberge, mais je n'ai plus la vue du lac. Il y a des moments où je regrette en bloc le méchant dîner et le magnifique paysage.

Avant-hier, c'était un de ces moments-là. Il pleuvait. J'étais enfermé dans la chambre que j'habite; — une petite chambre triste et froide, ornée d'un lit peint en gris à rideaux blancs, de chaises à dossier en lyre, et d'un panier bleuâtre bariolé de ces dessins sans goût et sans style qu'on retrouve indistinctement sur les robes des femmes mal mises et sur les murs des chambres mal meublées. J'ai ouvert la fenêtre, qui est une de ces hideuses fenêtres d'il y a cinquante ans qu'on appelait fenêtres-guillotines, et je regardais mélancoliquement la pluie tomber. La rue était déserte; toutes les croisées de la maison d'en face étaient fermées; pas un profil aux vitres, pas un passant sur ce pavage de petits cailloux ronds et noirs que la pluie faisait reluire comme des châtaignes mûres. La seule chose qui animât le paysage, c'était la gouttière du toit voisin, espèce de gargouille en fer-blanc figurant une tête d'âne à bouche ouverte, d'où la pluie tombait à flots; une pluie jaune et sale qui venait de laver les tuiles et qui allait laver le pavé. Il est triste qu'une chose prenne la peine de tomber du ciel sans autre résultat que de changer la poussière en boue.

J'étais revenu au gîte; le gîte était médiocrement plaisant. Que faire? La Fontaine a fait le vers de la circonstance. Je songeais donc. Par malheur, j'étais dans une de ces situations d'âme que vous connaissez sans doute, où l'on n'a aucune raison d'être triste et aucun motif d'être gai; où l'on est également incapable de prendre le parti d'un éclat de rire ou d'un torrent de larmes; où la vie semble parfaitement logique, unie, plane, ennuyeuse et triste; où tout est gris et blafard au dedans comme au dehors. Il faisait en moi le même temps que dans la rue, et si vous me permettiez la métaphore, je dirais qu'il pleuvait dans mon esprit. Vous le savez, je suis un peu de la nature du lac; je réfléchis l'azur ou la nuée. La pensée que j'ai dans l'âme ressemble au ciel que j'ai sur la tête.

En retournant son œil, — passez-moi encore cette expression, — on voit un paysage en soi. Or, en ce moment-là, le paysage que je pouvais voir en moi ne valait guère mieux que celui que j'avais sous les yeux.

Il y avait deux ou trois armoires dans la chambre. Je les ouvris machinalement, comme si j'avais eu chance d'y trouver quelque trésor. Or, les armoires d'auberge sont toujours vides; une armoire pleine, c'est l'habitation permanente. N'a pas de nid qui passe. Je ne trouvai donc rien dans les armoires.

Pourtant, au moment où je refermais la dernière, j'aperçus sur la tablette d'en haut je ne sais quoi qui me parut quelque chose. J'y mis la main. C'était d'abord de la poussière, et puis c'était un livre. Un petit livre carré comme les almanachs de Liége, broché en papier gris, couvert de cendre, oublié là depuis des années. Quelle bonne fortune! Je secoue la poussière, j'ouvre au hasard. C'était en français. Je regarde le titre : — *Amours secrètes*

et aventures honteuses de Napoléon Buonaparté,
avec gravures. — Je regarde les gravures : — un homme à gros ventre et à profil de polichinelle, avec redingote et petit chapeau, mêlé à toutes sortes de femmes nues. Je regarde la date : — 1814.

J'ai eu la curiosité de lire. O mon ami! que vous dire de cela? Comment vous donner une idée de ce livre imprimé à Paris par quelque libelliste et oublié à Zurich par quelque Autrichien? — Napoléon Buonaparté était laid; — ses petits yeux enfoncés, son profil de loup et ses oreilles découvertes lui faisaient une figure atroce. — Il parlait mal; n'avait aucun esprit et aucune présence d'esprit; marchait gauchement; se tenait sans grâce et prenait leçon de Talma chaque fois qu'il fallait « trôner ». — Du reste sa renommée militaire était fort exagérée! il prodiguait la vie des hommes, il ne remportait des victoires qu'à force de bataillons. (Reprocher les bataillons aux conquérants! ne croiriez-vous pas entendre ces gens qui reprochent les métaphores aux poëtes?) — Il a perdu plus de batailles qu'il n'en a gagné. — Ce n'est pas lui qui a gagné la bataille de Marengo, c'est Desaix; ce n'est pas lui qui a gagné la bataille d'Austerlitz, c'est Soult; ce n'est pas lui qui a gagné la bataille de la Moskowa, c'est Ney[1]. — Ce n'était qu'un

---

[1] En 1814, on se servait contre *Buonaparté* des noms si juste-

capitaine du second ordre, fort inférieur aux généraux du grand siècle, à Turenne, à Condé, à Luxembourg, à Vendôme; et de même de nos jours, son « talent militaire » n'était rien, comparé au « génie guerrier » du duc de Wellington. De sa personne, il était poltron. Il avait peur au feu. Il se cachait pendant la canonnade à Brienne. (A Brienne!) — Il avait vices sur vices. — Il mentait comme un laquais. — Il était avare au point de ne donner que dix francs par jour à une femme qu'il entretenait dans une petite rue solitaire du faubourg Saint-Marceau. (L'auteur dit : *J'ai vu* la rue, la maison et la femme.) Il était jaloux au point d'enfermer cette femme, qui ne sortait presque jamais et vivait séparée du monde entier, sans une créature humaine pour la servir, en proie au désespoir et à la terreur. Voilà ce que c'était que l'*amour* de Napoléon Buonaparté! — Il avait en outre, — car ce jaloux féroce était un libertin effronté, Othello compliqué de don Juan, — il avait en outre, dans tous les quartiers de Paris, de petites chambres, des caves, des mansardes, des oubliettes louées sous des noms supposés, où il attirait sous divers prétextes des jeunes filles pau-

---

ment renommés des lieutenants de Napoléon; aujourd'hui tout est à sa place : Desaix, Soult, Ney sont de grandes et illustres figures; Napoléon est dans sa gloire ce qu'il était dans son armée, l'Empereur.

vres, etc., etc., etc. De là des troupeaux d'enfants, petites dynasties inédites, relégués aujourd'hui dans des greniers ou ramassant des loques et des haillons au coin des bornes sous une hotte de chiffonnier. Voilà ce que c'était que les *amours* de Napoléon Buonaparté ! — Qu'en dites-vous ? La première histoire rappelle un peu Geneviève de Brabant au fond de son bois; la seconde est renouvelée du Minotaure. J'en ai entrevu bien d'autres et de pires, mais je n'ai pas eu le courage d'aller plus loin. Je n'ai jamais de bien longues rencontres avec ces livres que l'ennui ouvre et que le dégoût ferme.

Vous riez de cela? Je vous avoue que je n'en ris pas. Il y a toujours dans les calomnies dirigées contre les grands hommes, tant qu'ils sont vivants, quelque chose qui me serre le cœur. Je me dis : Voilà donc de quelle manière la reconnaissance contemporaine a traité ces génies que la postérité entoure de respect, les uns parce qu'ils ont fait leur nation plus grande, les autres parce qu'ils ont fait l'humanité meilleure! Soyez Molière, on vous accusera d'avoir épousé votre fille; soyez Napoléon, on vous accusera d'avoir aimé vos sœurs. — La haine et l'envie ne sont pas inventives, direz-vous; elles répètent toujours à peu près les mêmes niaiseries, lesquelles deviennent inoffensives à force d'être répétées. Qu'est-ce qu'une calomnie qui est un plagiat ? — Sans doute, si le public le

savait; mais est-ce que le public sait que ce que
l'on dit aujourd'hui du grand homme d'aujourd'hui est précisément ce qu'on disait hier du
grand homme d'hier? D'accord. Mais la foule
ignore tout. Les grands hommes ont dédaigné tout
cela, direz-vous encore. Sans doute; mais qui
vous dit qu'ils n'ont pas souffert autant qu'ils ont
dédaigné? Qui sait tout ce qu'il y a de douleurs
poignantes dans les profondeurs muettes du dédain? Qu'y a-t-il de plus révoltant que l'injustice,
et quoi de plus amer que de recevoir une grande
injure quand on mérite une grande couronne?
Savez-vous si cet odieux petit livre dont vous riez
aujourd'hui n'a pas été officieusement envoyé en
1815 au prisonnier de Sainte-Hélène, et n'a pas
fait, tout stupide qu'il vous semble et qu'il est,
passer une mauvaise nuit à l'homme qui dormait
d'un si profond sommeil la veille de Marengo et
d'Austerlitz? N'y a-t-il pas des moments où la
haine, dans ses affirmations effrontées ou furieuses, peut faire illusion, même au génie qui a la
conscience de sa force et de son avenir? Apparaître
caricature à la postérité, quand on a tout fait pour
lui laisser une grande ombre! Non, mon ami, je
ne puis rire de cet infâme petit libelle. Quand j'explore les bas-fonds du passé, et quand je visite les
caves ruinées d'une prison d'autrefois, je prends
tout au sérieux, les vieilles calomnies que je ra-

masse dans l'oubli et les hideux instruments de torture rouillés que je trouve dans la poussière.

Flétrissure et ignominie à ces misérables valets des basses œuvres qui n'ont d'autre fonction que de tourmenter vivants ceux que la postérité adorera morts !

Si l'auteur sans nom de cet ignoble livre existe encore aujourd'hui dans quelque coin obscur de Paris, quel châtiment ce doit être pour cet immonde vieillard, dont les cheveux blancs ne sont qu'une couronne d'opprobre et de honte, de voir, chaque fois qu'il a le malheur de passer sur la place Vendôme, Napoléon, devenu homme de bronze, salué à toute heure par la foule, enveloppé de nuées et de rayons, debout sur son éternelle gloire et sur sa colonne éternelle !

Depuis que j'avais fermé ce volume, tout s'était assombri ; la pluie était devenue plus violente au dehors, et la tristesse plus profonde en moi. Ma fenêtre était restée ouverte, et mon regard s'attachait machinalement à la grotesque gouttière de fer-blanc qui dégorgeait avec furie un flot jaunâtre et fangeux. Cette vue m'a calmé. Je me suis dit que, la plupart du temps, ceux qui font le mal n'en ont pas pleine conscience, qu'il y a chez eux plus d'ignorance et d'ineptie encore que de méchanceté ; et je suis demeuré là immobile, silencieux, recueillant les enseignements mystérieux

que les choses nous donnent par les harmonies
qu'elles ont entre elles, le coude appuyé sur ce stupide pamphlet d'où s'était épanché tant de haine et
de calomnie, et l'œil fixé sur cette bouche d'âne qui
vomissait de l'eau sale.

LETTRE XXXVII

LETTRE XXXVII

SCHAFFHAUSEN

Vue de Schaffhouse. — Schaffhausen. — Schaffhouse. — Schaphuse.— Schapfuse.— Shaphusia.— Probatopolis.—Effroyable combat et mêlée terrible des érudits et des antiquaires. — Deux des plus redoutables s'attaquent avec furie. — L'auteur a la lâcheté de s'enfuir du champ de bataille, les laissant aux prises. — Le château Munoth. — Ce qu'était Schaffhouse il y a deux cents ans. — Quel était le joyau d'une ville libre. — L'auteur dîne. — Une des innombrables aventures qui arrivent à ceux qui ont la hardiesse de voyager à travers les orthographes des pays. — Calaïsche à la choute. — L'auteur offre tranquillement de faire ce qui eût épouvanté Gargantua.

Septembre.

Je suis à Schaffhouse depuis quelques heures. Écrivez *Schaffhausen*, et prononcez tout ce qu'il vous plaira. Figurez-vous un Anxur suisse, un Terracine allemand, une ville du quinzième siècle, dont les maisons tiennent le milieu entre les chalets d'Unterseen et les logis sculptés du vieux Rouen, perchée dans la montagne, coupée par le Rhin, qui se tord dans son lit de roches avec une grande clameur, dominée par des tours en ruine, pleine de rues à pic et en zigzag, livrée au vacarme assourdissant des nymphes ou des eaux, — *nymphis, lymphis*, transcrivez Horace comme vous voudrez, — et au tapage des laveuses. Après avoir passé la porte de la ville, qui est une forteresse du treizième siècle, je me suis retourné, et j'ai vu au-dessus de l'ogive cette inscription : SALVS EXEVNTIBVS. J'en ai conclu qu'il y avait probablement de l'autre côté : PAX INTRANTIBVS. J'aime cette façon hospitalière.

Je vous ai dit d'écrire *Schaffhausen* et de prononcer tout ce qu'il vous plairait. Vous pouvez écrire aussi tout ce qu'il vous plaira. Rien n'est comparable, pour l'entêtement et la diversité d'avis, au troupeau des antiquaires, si ce n'est le troupeau des grammairiens. Platine écrit *Schaphuse*, Strumphius écrit *Schapfuse*, Georges Bruin écrit *Shaphusia*, et Miconnis écrit *Probatopolis*. Tirez-vous de là. Après le nom vient l'étymologie. Autre affaire. *Schaffhausen* signifie la *ville du mouton*, dit Glarean. — Point du tout ! s'exclame Strumphius, Schaffhausen veut dire *port des bateaux*, de *schafa*, barque, et de *hause*, maison. — Ville du mouton ! répond Glarean ; les armes de la ville sont d'or au bélier de sable. — Port des bateaux! repart Strumphius; c'est là que les bateaux s'arrêtent, dans l'impossibilité d'aller plus loin. — Ma foi! que l'étymologie devienne ce qu'elle pourra. Je laisse Strumphius et Glarean se prendre aux coiffes.

Il faudrait batailler aussi à propos du vieux château Munoth, qui est près de Schaffhouse, sur l'Emmersberg, et qui a pour étymologie *Munitio*, disent les antiquaires, à cause d'une citadelle romaine qui était là. Aujourd'hui, il n'y a plus que quelques ruines, une grande tour et une immense voûte casematée qui peut couvrir plusieurs centaines d'hommes.

Il y a deux siècles, Schaffhouse était plus pittoresque encore. L'hôtel de ville, le couvent de la Toussaint, l'église Saint-Jean, étaient dans toute leur beauté; l'enceinte de tours était intacte et complète. Il y en avait treize, sans compter le château et sans compter les deux hautes tours sur lesquelles s'appuyait cet étrange et magnifique pont suspendu sur le Rhin que notre Oudinot fit sauter, le 13 avril 1799, avec cette ignorance et cette insouciance des chefs-d'œuvre qui n'est pardonnable qu'aux héros. Enfin, hors de la cité, au delà de la porte-donjon qui va vers la forêt Noire, dans la montagne, sur une éminence, à côté d'une chapelle, on distinguait au loin, dans la brume de l'horizon, un hideux petit édifice de charpente et de pierre, — le gibet. Au moyen âge, et même il n'y a pas plus de cent ans, dans toute commune souveraine, une potence convenablement garnie était une chose élégante et magistrale. La cité ornée de son gibet, le gibet orné de son pendu, cela signifiait *ville libre*.

J'avais grand'faim, il était tard; j'ai commencé par dîner. On m'a apporté un dîner français, servi par un garçon français, avec une carte en français. Quelques originalités, sans doute involontaires, se mêlaient, non sans grâce, à l'orthographe de cette carte. Comme mes yeux erraient parmi ces riches fantaisies du rédacteur local, cherchant à compléter mon dîner au-dessous de ces trois lignes :

Haumlette au chantpinnions,
Biffeteque au craison,
Hépole d'agnot au laidgume,

je tombe sur ceci :

Calaïsche à la choute, — 10 francs.

Pardieu! me suis-je dit, voilà un mets du pays : *calaïsche à la choute!* Il faut que j'en goûte. Dix francs! cela doit être quelque raffinement propre à la cuisine de Schaffhouse. J'appelle le garçon.

— Monsieur, une calaïsche à la choute.

Ici, le dialogue s'engage en français. Je vous ai dit que le garçon parlait français.

— Vort pien, monsir. Temain matin.
— Non, dis-je, tout de suite.
— Mais, monsir, il est pien tard.
— Qu'est-ce que cela fait?
— Mais il sera nuit tans eine hère.
— Eh bien?
— Mais monsir ne bourra bas foir.
— Voir! voir quoi? Je ne demande pas à voir.
— Che ne gombrends bas monsir.
— Ah çà! c'est donc bien beau à regarder, votre calaïsche à la choute?
— Vort peau, monsir, atmiraple, manifigue!
— Eh bien, vous m'allumerez quatre chandelles tout autour.
— Guadre jantelles! Monsir choue. (Lisez : *Monsieur joue.*) Che ne gombrends bas.
— Pardieu! ai-je repris avec quelque impatience, je me comprends bien, moi : j'ai faim, je veux manger.
— Mancher gouoi?
— Manger votre calaïsche.
— Notre calaïsche?
— Votre choute.
— Notre choute! mancher notre choute! Monsir choue. Mancher la choute ti Rhin!

Ici je suis parti d'un éclat de rire. Le pauvre

diable de garçon ne comprenait plus, et moi, je venais de comprendre. J'avais été le jouet d'une hallucination produite sur mon cerveau par l'orthographe éblouissante de l'aubergiste. *Calaïsche à la choute* signifiait *calèche à la chute*. En d'autres termes, après vous avoir offert à dîner, la carte vous offrait complaisamment une calèche pour aller voir la chute du Rhin à Laufen, moyennant dix francs.

Me voyant rire, le garçon m'a pris pour un fou, et s'en est allé en grommelant : — Mancher la choute! églairer la choute ti Rhin afec guadre jantelles! Ce monsir choue.

J'ai retenu pour demain matin une *calaïsche à la choute.*

LETTRE XXXVIII

LETTRE XXXVIII

LA CATARACTE DU RHIN

Écrit sur place. — Arrivée. — Le château de Laufen. — La cataracte. — Aspect. — Détails. — Causeries du guide. — L'enfant. — Les stations. — D'où l'on voit le mieux. — L'auteur s'adosse au rocher. — Un décor. — Une signature et un parafe. — Le jour baisse. — L'auteur passe le Rhin. — Le Rhin, le Rhône. — La cataracte en cinq parties. — Le forçat.

Laufen, septembre.

Mon ami, que vous dire? Je viens de voir cette chose inouïe. Je n'en suis qu'à quelques pas. J'en entends le bruit. Je vous écris sans savoir ce qui tombe de ma pensée. Les idées et les images s'y entassent pêle-mêle, s'y précipitent, s'y heurtent, s'y brisent, et s'en vont en fumée, en écume, en rumeur, en nuée. J'ai en moi comme un bouillonnement immense. Il me semble que j'ai la chute du Rhin dans le cerveau.

LETTRE XXXVIII

J'écris au hasard, comme cela vient. Vous comprendrez si vous pouvez.

On arrive à Laufen. C'est un château du treizième siècle, d'une fort belle masse et d'un fort bon style. Il y a à la porte deux guivres dorées, la gueule ouverte. Elles aboient. On dirait que ce sont elles qui font le bruit mystérieux qu'on entend.

On entre.

On est dans la cour du château. Ce n'est plus un château, c'est une ferme. Poules, oies, dindons, fumier; charrette dans un coin; une cuve à chaux. Une porte s'ouvre. La cascade apparaît.

Spectacle merveilleux!

Effroyable tumulte! voilà le premier effet. Puis on regarde. La cataracte découpe des golfes qu'emplissent de larges squames blanches. Comme dans les incendies, il y a de petits endroits paisibles au milieu de cette chose pleine d'épouvante : des bosquets mêlés à l'écume; de charmants ruisseaux dans les mousses; des fontaines pour les bergers arcadiens de Poussin, ombragées de petits rameaux doucement agités. — Et puis ces détails s'évanouissent, et l'impression de l'ensemble vous revient. Tempête éternelle. Neige vivante et furieuse.

Le flot est d'une transparence étrange. Des rochers noirs dessinent des visages sinistres sous

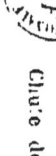

Chute de Laufen.

LE RHIN.

l'eau. Ils paraissaient toucher la surface et sont à dix pieds de profondeur. Au-dessous des deux principaux vomitoires de la chute, deux grandes gerbes d'écume s'épanouissent sur le fleuve et s'y dispersent en nuages verts. De l'autre côté du Rhin, j'apercevais un groupe de maisonnettes tranquilles, où les ménagères allaient et venaient.

Pendant que j'observais, mon guide me parlait.
— Le lac de Constance a gelé dans l'hiver de 1829 à 1830. Il n'avait pas gelé depuis cent quatre ans. On y passait en voiture. De pauvres gens sont morts de froid à Schaffhouse.

Je suis descendu un peu plus bas, vers le gouffre. Le ciel était gris et voilé. La cascade fait un rugissement de tigre. Bruit effrayant, rapidité terrible. Poussière d'eau, tout à la fois fumée et pluie. A travers cette brume on voit la cataracte dans tout son développement. Cinq gros rochers la coupent en cinq nappes d'aspects divers et de grandeurs différentes. On croit voir les cinq piles rongées d'un pont de Titans. L'hiver, les glaces font des arches bleues sur ces culées noires.

Le plus rapproché de ces rochers est d'une forme étrange; il semble voir sortir de l'eau pleine de rage la tête hideuse et impassible d'une idole hindoue, à trompe d'éléphant. Des arbres et des broussailles qui s'entremêlent à son sommet lui font des cheveux hérissés et horribles.

A l'endroit le plus épouvantable de la chute, un grand rocher disparaît et reparaît sous l'écume comme le crâne d'un géant englouti battu depuis six mille ans de cette douche effroyable.

Le guide continue son monologue. — La chute du Rhin est à une lieue de Schaffhouse. La masse du fleuve tout entière tombe là d'une hauteur de « septante pieds ».

L'âpre sentier qui descend du château de Laufen à l'abîme traverse un jardin. Au moment où je passais assourdi par la formidable cataracte, un enfant, habitué à faire ménage avec cette merveille du monde, jouait parmi des fleurs et mettait en chantant ses petits doigts dans des gueules-de-loup roses.

Ce sentier a des stations variées, où l'on paye un peu de temps en temps. La pauvre cataracte ne saurait travailler pour rien. Voyez la peine qu'elle se donne. Il faut bien qu'avec toute cette écume qu'elle jette aux arbres, aux rochers, aux fleuves, aux nuages, elle jette aussi un peu quelques gros sous dans la poche de quelqu'un. C'est bien le moins.

Je suis parvenu par ce sentier jusqu'à une façon de balcon branlant pratiqué tout au fond, sur le gouffre et dans le gouffre.

Là, tout vous remue à la fois. On est ébloui, étourdi, bouleversé, terrifié, charmé. On s'appuie à une barrière de bois qui tremble. Des arbres jaunis — c'est l'automne, — des sorbiers rouges entourent un petit pavillon dans le style du café Turc, d'où l'on observe l'horreur de la chose. Les femmes se couvrent d'un collet de toile cirée (un franc par personne). On est enveloppé d'une effroyable averse tonnante.

De jolis petits colimaçons jaunes se promènent voluptueusement sous cette rosée sur le bord du balcon. Le rocher qui surplombe au-dessus du balcon pleure goutte à goutte dans la cascade. Sur la roche qui est au milieu de la cataracte, se dresse un chevalier troubadour en bois peint appuyé sur un bouclier rouge à croix blanche. Un homme a dû risquer sa vie pour aller planter ce décor de l'Ambigu au milieu de la grande et éternelle poésie de Jéhovah.

Les deux géants qui redressent la tête, je veux dire les deux plus grands rochers, semblent se parler. Ce tonnerre est leur voix. Au-dessus d'une épouvantable croupe d'écume, on aperçoit une maisonnette paisible avec son petit verger. On dirait que cette affreuse hydre est condamnée à porter éternellement sur son dos cette douce et heureuse cabane.

Je suis allé jusqu'à l'extrémité du balcon; je me suis adossé au rocher.

L'aspect devient encore plus terrible. C'est un

écroulement effrayant. Le gouffre hideux et splendide jette avec rage une pluie de perles au visage de ceux qui osent le regarder de si près. C'est admirable. Les quatre grands gonflements de la cataracte tombent, remontent et redescendent sans cesse. On croit voir tourner devant soi les quatre roues fulgurantes du char de la tempête.

Le pont de bois était inondé. Les planches glissaient. Des feuilles mortes frissonnaient sous mes pieds. Dans une anfractuosité du roc, j'ai remarqué une petite touffe d'herbe desséchée. Desséchée sous la cataracte de Schaffhouse! dans ce déluge, une goutte d'eau lui a manqué. Il y a des cœurs qui ressemblent à cette touffe d'herbe. Au milieu du tourbillon des prospérités humaines, ils se dessèchent. Hélas! c'est qu'il leur a manqué cette goutte d'eau qui ne sort pas de la terre, mais qui tombe du ciel, l'amour!

Dans le pavillon turc, lequel a des vitraux de couleur, et quels vitraux! il y a un livre où les visiteurs sont priés d'inscrire leurs noms. Je l'ai feuilleté. J'y ai remarqué cette signature : *Henri*, avec ce parafe ♡ Est-ce un V?

Combien de temps suis-je resté là, abîmé dans ce grand spectacle! Je ne saurais vous le dire. Pendant cette contemplation, les heures passaient dans l'esprit comme les ondes dans le gouffre, sans laisser trace ni souvenir.

Cependant on est venu m'avertir que le jour baissait. Je suis remonté au château, et de là je suis descendu sur la grève d'où l'on passe le Rhin pour gagner la rive droite. Cette grève est au bas de la chute, et l'on traverse le fleuve à quelques brasses de la cataracte. On s'aventure pour ce trajet dans un petit batelet charmant, léger, exquis, ajusté comme une pirogue de sauvage, construit d'un bois souple comme de la peau de requin, solide, élastique, fibreux, touchant les rochers à chaque instant et s'y écorchant à peine, manœuvré comme tous les canots du Rhin et de la Meuse, avec un crochet et un aviron en forme de pelle. Rien de plus étrange que de sentir dans cette coquille les profondes et orageuses secousses de l'eau.

Pendant que la barque s'éloignait du bord, je regardais au-dessus de ma tête les créneaux couverts de tuiles et les pignons taillés du château qui dominent le précipice. Des filets de pêcheurs séchaient sur les cailloux au bord du fleuve. On pêche donc dans ce tourbillon? Oui, sans doute. Comme les poissons ne peuvent franchir la cataracte, on prend là beaucoup de saumons. D'ailleurs, dans quel tourbillon l'homme ne pêche-t-il pas?

Maintenant je voudrais résumer toutes ces sensations si vives et presque poignantes. Première impression : on ne sait que dire, on est écrasé comme par tous les grands poëmes. Puis l'ensemble se débrouille. Les beautés se dégagent de la nuée. Somme toute, c'est grand, sombre, terrible, hideux, magnifique, inexprimable.

De l'autre côté du Rhin, cela fait tourner des moulins.

Sur une rive, le château; sur l'autre, le village, qui s'appelle Neuhausen.

Tout en nous laissant aller au balancement de la barque, j'admirais la superbe couleur de cette eau. On croit nager dans la serpentine liquide.

Chose remarquable, chacun des deux grands fleuves des Alpes, en quittant les montagnes, a la couleur de la mer où il va. Le Rhône, en débouchant du lac de Genève, est bleu comme la Méditerranée; le Rhin, en sortant du lac de Constance, est vert comme l'Océan.

Malheureusement le ciel était couvert. Je ne puis donc pas dire que j'ai vu la chute de Laufen dans toute sa splendeur. Rien n'est riche et merveilleux comme cette pluie de perles dont je vous ai déjà parlé, et que la cataracte répand au loin. Cela doit être pourtant plus admirable encore lorsque le soleil change ces perles en diamants et que l'arc-en-ciel plonge dans l'écume éblouissante son cou d'émeraude, comme un oiseau divin qui vient boire à l'abîme.

De l'autre bord du Rhin, d'où je vous écris en ce moment, la cataracte apparaît dans son entier, divisée en cinq parties bien distinctes qui ont chacune leur physionomie à part et forment une espèce de crescendo. La première, c'est un dégorgement de moulin; la seconde, presque symétriquement composée par le travail du flot et du temps, c'est une fontaine de Versailles; la troisième, c'est une cascade; la quatrième est une avalanche; la cinquième est le chaos.

Un dernier mot, et je ferme cette lettre. A quelques pas de la chute, on exploite la roche calcaire, qui est fort belle. Du milieu d'une des carrières qui sont là, un galérien, rayé de gris et de noir, la pioche à la main, la double chaîne au pied, regardait la cataracte. Le hasard semble se complaire parfois à confronter dans des antithèses, tantôt mélancoliques, tantôt effrayantes, l'œuvre de la nature et l'œuvre de la société.

LETTRE XXXIX

LETTRE XXXIX

VÉVEY — CHILLON — LAUSANNE

Ce que l'auteur cherche dans ses voyages. — Vévey.— L'église. — La vieille femme bedeau. — Deux tombeaux.— Edmond Ludlow. — Andrew Broughton. — David. — Les proscrits. — Comparaison des épitaphes. — Philosophie. — Un troisième tombeau. — L'apothicaire. — Néant des choses humaines proclamé par celui qui a passé sa vie à poursuivre M. de Pourceaugnac. — Le soir. — Souvenirs de jeunesse. — Vaugirard et Meillerie. — Paysage. — Clair de lune. — Histoire. — Traces de tous les peuples en Suisse. — Les Grecs. — Les Romains. — Les Huns. — Les Hongrois. — Chillon. — Le château. — Une femme française. — La crypte. — Les trois souterrains. — Détails sinistres. — Le gibet. — Les cachots. — Bonnivard. — La cage donne la même allure au penseur et à la bête fauve. — Touchante et lugubre histoire de Michel Cotié. — Ses dessins sur la muraille. — Impuissance démontrée de saint Christophe. — Nom de lord Byron gravé par lui-même sur un pilier. — Détails. — La voûte devient bleue. — Magnificences secrètes et générosités cachées de la nature. — Les martins-pêcheurs. — Sept colonnes ; sept cellules. — Trois cachots superposés. — Peintures faites par les prisonniers. — Les ou-

LETTRE XXXIX

bliettes. — Ce qu'on y a trouvé. — La cave comblée. — Permission refusée à lord Byron. — L'auteur descend dans le caveau où Byron n'a pas pu entrer. — Ce qu'il y avait. — Le duc Pierre de Savoie. — Encore la destinée des sarcophages. — Le cimetière. — La chapelle. — La chambre des ducs de Savoie. — Intérieur. — Ce qu'en ont fait les gens de Berne. — La fenêtre. — La porte. — Traces de l'assaut. — Quel oiseau passait son bec par le trou qui est au bas de la porte. — La salle de justice. — De quoi elle est meublée aujourd'hui. — La chambre de la torture. — La grosse poutre. — Les trois trous. — Affreux détails. — Une particularité du château de Chillon. — L'auteur démontre que les petits oiseaux n'ont pas la moindre idée de l'invention de l'artillerie. — Ludlow et Bonnivard confrontés. — Lausanne. — Ce que Paris a de plus que Vévey. — Le mauvais goût calviniste. — Lausanne enlaidie par les embellisseurs. — L'hôtel de ville. — Le château des baillis. — La cathédrale. — Vandalisme. — Quelques tombeaux. — Le chevalier de Granson. — Pourquoi les mains coupées. — M. de Rebecque. — Lausanne à vol d'oiseau. — Paysage. — Orage de nuit qui s'annonce. — Retour à Paris.

Vévey, 21 septembre.

A. M. LOUIS B.

Je vous écris, cette lettre, cher Louis, à peu près au hasard, ne sachant pas où elle vous trouvera, ni même si elle vous trouvera. Où êtes-vous en ce moment? que faites-vous? Êtes-vous à Paris? êtes-vous en Normandie? Avez-vous l'œil fixé sur les toiles que votre pensée fait rayonner, ou visitez-vous, comme moi, la galerie de peinture du bon Dieu? Je ne sais ce que vous faites; mais je pense à vous, je vous écris, et je vous aime.

VÉVEY — CHILLON — LAUSANNE

Je voyage en ce moment comme l'hirondelle. Je vais devant moi, cherchant le beau temps. Où je vois un coin du ciel bleu, j'accours. Les nuages, les pluies, la bise, l'hiver, viennent derrière moi comme des ennemis qui me poursuivent, et recouvrent les pauvres pays à mesure que je les quitte. Il pleut maintenant à verse sur Strasbourg, que je visitais il y a quinze jours; sur Zurich, où j'étais la semaine passée; sur Berne, où j'ai passé hier. Moi, je suis à Vévey, jolie petite ville, blanche, propre, anglaise, confortable, chauffée par les pentes méridionales du mont Chardonne, comme par des poêles, et abritée par les Alpes comme par un paravent. J'ai devant moi un ciel d'été, le soleil, des coteaux couverts de vignes mûres, et cette magnifique émeraude du Léman enchâssée dans des montagnes de neige comme dans une orfévrerie d'argent. — Je vous regrette.

Vévey n'a que trois choses; mais ces trois choses sont charmantes : sa propreté, son climat et son église. — Je devrais me borner à dire la tour de son église; car l'église elle-même n'a plus rien de remarquable. Elle a subi cette espèce de dévastation soigneuse, méthodique et vernissée que le protestantisme inflige aux églises gothiques. Tout est ratissé, raboté, balayé, défiguré, blanchi, lustré et frotté. C'est un mélange stupide et prétentieux de barbarie et de nettoyage. Plus d'autel, plus de chapelles, plus de reliquaires, plus de figures peintes ou sculptées; une table et des stalles de bois qui encombrent la nef, voilà l'église de Vévey.

Je m'y promenais assez maussadement, escorté de cette vieille femme, toujours la même, qui tient lieu de bedeau aux églises calvinistes, et me cognant les genoux aux bancs de monsieur le préfet, de monsieur le juge de paix, de messieurs les pasteurs, etc., etc., quand, à côté d'une chapelle condamnée où m'avaient attiré quelques belles vieilles consoles du quatorzième siècle, oubliées là par l'architecte puritain, j'ai aperçu dans un enfoncement obscur une grande lame de marbre noir appliquée au mur. C'est la tombe d'Edmond Ludlow, un des juges de Charles Ier, mort réfugié à Vévey en 1698. Je croyais cette tombe à Lausanne. Comme je me baissais pour ramasser mon crayon tombé à terre, le mot *depositorium*, gravé sur la dalle, a frappé mes yeux. Je marchais sur une autre tombe, sur un autre régicide, sur un autre proscrit, Andrew Broughton. Andrew Broughton était l'ami de Ludlow. Comme lui il avait tué Charles Ier, comme lui il avait aimé Cromwell, comme lui il avait haï Cromwell, comme lui il dort dans la froide église de Vévey. — En 1816 David, en fuite comme Ludlow et Broughton, a passé à Vévey. A-t-il visité l'église? Je ne sais; mais les juges de Charles Ier avaient bien des choses à dire au juge de Louis XVI.

Ils avaient à lui dire que tout s'écroule, même les fortunes bâties sur un échafaud; que les révolutions ne sont que des vagues, où il ne faut être ni écume ni fange; que toute idée révolutionnaire est un outil qui a deux tranchants, l'un avec lequel on coupe, l'autre auquel on se coupe; que l'exilé qui a fait des exilés, que le proscrit qui a été proscripteur, traînent après eux une mauvaise ombre, une pitié mêlée de colère, le reflet des misères d'autrui flamboyant comme l'épée de l'ange sur leur propre malheur. Ils pouvaient dire aussi à ce grand peintre, — n'est-ce pas, Louis? — que pour le penseur, en un jour de contemplation, il sort de la sérénité du ciel et de l'azur profond du Léman plus d'idées nobles, plus d'idées bienveillantes, plus d'idées utiles à l'humanité qu'il n'en sort en dix siècles de vingt révolutions comme celles qui ont égorgé Charles Ier et Louis XVI; et qu'au-dessus des agitations politiques, éternellement au-dessus de ces tempêtes climatériques des nations, dont le flux bourbeux apporte aussi bien Marat que Mirabeau, il y a, pour les grandes âmes, l'art, qui contient l'intelligence de l'homme, et la nature, qui contient l'intelligence de Dieu!

Pendant que je me laissais aller à toutes ces rêvasseries, un rayon du soleil couchant, entré par je ne sais quelle lucarne, et comme dépaysé dans cette église nue et morne, est venu se poser sur les tombes comme la lumière d'un flambeau, et j'ai lu les épitaphes. Ce sont de longues et graves protestations où semble respirer l'âme des deux vieux régicides, hommes intègres, purs et grands d'ailleurs. Tous deux exposent les faits de leur vie et le fait de leur mort sans colère, mais sans concession. Ce sont des phrases rigides et hautaines, dignes en effet d'être dites par le marbre. On sent que tous deux regrettent la patrie. La patrie est toujours belle, même Londres vue du Léman. Mais ce qui m'a frappé, c'est que chacun des deux vieillards a pris une posture différente dans le tombeau. Edmond Ludlow s'est envolé joyeux vers les demeures éternelles, *sedes œternas lœtus advolavit*, dit l'épitaphe debout contre le mur. Andrew Broughton, fatigué des travaux de la vie, s'est endormi dans le Seigneur, *in Domino obdormivit*, dit l'épitaphe couchée à terre. Ainsi, l'un joyeux, l'autre las. L'un a trouvé des ailes dans le sépulcre, l'autre y a trouvé un oreiller. L'un avait tué un roi et voulait le paradis ; l'autre avait fait la même chose et demandait le repos.

Ne vous semble-t-il pas, comme à moi, qu'il y a dans ces deux petites phrases si courtes, la clef des deux hommes, et la nuance des deux convictions? Ludlow était un penseur ; il avait déjà oublié le roi mort, et ne voyait plus que le peuple émancipé. Broughton était un ouvrier ; il ne son-

geait plus au peuple, et avait toujours présente à
l'esprit cette rude besogne de jeter bas un roi.
Ludlow n'avait jamais vu que le but, Broughton
que le moyen. Ludlow regardait en avant, Broughton regardait en arrière. L'un est mort ébloui,
l'autre harassé.

Comme je quittais ces deux tombes, une troisième
épitaphe m'a attiré, longue et solennelle apostrophe
au voyageur gravée en or sur marbre noir, comme
celle de Ludlow. Mon pauvre Louis, à côté de toute
grande chose il y a une parodie. Près des deux régicides il y a un apothicaire. C'est un respectable
praticien appelé Laurent Matte, fort honnête et fort
charitable homme d'ailleurs, qui parce qu'il lui est
arrivé de faire fortune à Libourne et de se retirer
du commerce à Vévey, veut absolument que le passant s'arrête et réfléchisse sur l'inconstance des
choses humaines : *Morare parumper, qui hac
transis, et respice rerum humanarum inconstan-
tiam et ludibrium.*

Si jamais tombe emphatique a été ridicule, c'est
à coup sûr celle qui coudoie les deux pierres sévères
sous lesquelles Ludlow et Broughton gisent avec
leurs mains sanglantes.

Le soir, — c'était hier, — je me suis promené
au bord du lac. J'ai bien pensé à vous, Louis, et
à nos douces promenades de 1828, quand nous
avions vingt-quatre ans, quand vous faisiez *Ma-*

zeppa, quand je faisais les *Orientales*, quand nous nous contentions d'un rayon horizontal du couchant étalé sur Vaugirard. La lune était presque dans son plein. La haute crête de Meillerie, noire au sommet et vaguement modelée à mi-côte, emplissait l'horizon. Au fond, à ma gauche, au-dessous de la lune, les dents d'Oche mordaient un charmant nuage gris-perle, et toutes sortes de montagnes fuyaient tumultueusement dans la vapeur. L'admirable clarté de la lune calmait tout ce côté violent du paysage. Je marchais au bord même du flot. C'était la nuit de l'équinoxe. Le lac avait cette agitation fébrile qui, à l'époque des grandes marées, saisit toutes les masses d'eau et les fait frissonner. De petites lames envahissaient par moments le sentier de cailloux où j'étais, et mouillaient la semelle de mes bottes. A l'ouest, vers Genève, le lac, perdu sous les brumes, avait l'aspect d'une énorme ardoise. Des bruits de voix m'arrivaient de la ville, et je voyais sortir du port de Vévey un bateau allant à la pêche. Ces bateaux pêcheurs du Léman ont une forme que le lac leur a donnée. Ils sont munis de deux voiles latines attachées en sens inverse à deux mâts différents, afin de saisir les deux grands vents qui s'engouffrent dans le Léman par ses deux bouts, l'un par Genève, qui vient des plaines, l'autre par Villeneuve, qui vient des montagnes. Au jour, au so-

leil, le lac est bleu, les voiles sont blanches, et
elles donnent à la barque la figure d'une mouche
qui courrait sur l'eau, les ailes dressées. La nuit,
l'eau est grise et la mouche est noire. Je regardais donc cette gigantesque mouche, qui marchait
lentement vers Meillerie, découpant sur la clarté
de la lune ses ailes membraneuses et transpa-
rentes. Le lac jasait à mes pieds. Il y avait une
paix immense dans cette immense nature. C'était
grand et c'était doux. Un quart d'heure après, la
barque avait disparu, la fièvre du lac s'était cal-
mée, la ville s'était endormie. J'étais seul, mais je
sentais vivre et rêver toute la création autour de
moi.

Je songeais à mes deux régicides, qui prennent,
eux aussi, leur part de ce sommeil et de ce repos
de toutes choses dans ce beau lieu. Je m'abîmais
dans la contemplation de ce lac que Dieu a rempli
de sa paix et que les hommes ont rempli de leurs
guerres. C'est un triste privilége des lieux les plus
charmants d'attirer les invasions et les avalanches.
Les hommes sont comme la neige, ils fondent et
se précipitent sur les vallées éclairées par le soleil. Toute cette ravissante côte basse du Léman a
été, depuis trois mille ans, sans cesse dévastée
par des passants armés qui venaient, chose étrange,
du Midi aussi bien que du Nord. Les Romains y
ont trouvé la trace des Grecs; les Allemands y ont

trouvé la trace des Arabes. La tour de Glérolle a été bâtie par les Romains contre les Huns. Neuf cents ans plus tard la tour de Goure a été bâtie par les Vaudois contre les Hongrois. L'une garde Vévey; l'autre protége Lausanne. En feuilletant, l'autre jour, dans la bibliothèque de Bâle, un assez curieux exemptaire des *Commentaires* de César, je suis tombé sur un passage où César dit qu'on trouva dans le camp des Helvétiens des tablettes écrites en caractères grecs, et j'en ai pris note : *Repertæ sunt tabulæ litteris græcis confectæ.* (*De Bell. gall.*, XL, I.)

Les Romains ont laissé à ce délicieux pays deux ou trois tours de guerre, des tombeaux, entre autres la sombre et touchante épitaphe de Julia Alpinula, des armes, des bornes milliaires, la grande voie militaire qui balafre ces admirables vallées depuis le Valais jusqu'à Avenches, par Vévey et Attalins, et dont on découvre encore çà et là quelques arrachements. Les Grecs lui ont laissé des processions-pantomimes qui rappellent les théories, et où il y a des jeunes filles couronnées de lierre qu'on traîne sur des chars. Ils lui ont laissé aussi les koraules de la Gruyère, ces danses que leur nom explique, χορός et αὐλή. Ainsi des forteresses, des sépulcres, une épitaphe qui est une élégie, une route stratégique, voilà l'empreinte de Rome; des processions qui semblent ordonnées par Thes-

Château de Chillon

pis et une *danse au son de la flûte,* voilà la trace de
la Grèce.

Ce matin je suis allé à Chillon par un admirable
soleil. Le chemin court entre des vignes au bord du
lac. Le vent faisait du Léman une immense moire
bleue; les voiles blanches étincelaient. Au bas de la
route les mouettes s'accostaient gracieusement sur
des roches à fleur d'eau. Vers Genève l'horizon imitait l'Océan.

Chillon est un bloc de tours posé sur un bloc de
rochers. Tout le château est du douzième et du treizième siècle, à l'exception de quelques boiseries,
portes, tables, plafonds, etc., qui sont du seizième.
Il sert aujourd'hui d'arsenal et de poudrière au
canton de Vaud. La bouche des canons touche
l'embrasure des catapultes.

C'est une femme française qui fait faire aux visiteurs la promenade du château avec beaucoup de
bonne grâce et d'intelligence.

La crypte, qui est au niveau des eaux du lac,
se partage en trois souterrains principaux. Le premier, qui est ajusté comme une serrure à l'entrée
des deux autres, était la salle des gardes. C'est
une vaste nef formée de deux voûtes-ogives juxtaposées dont les retombées s'appuient, au milieu
de la salle, sur une rangée de piliers qui la traverse. Le second souterrain, plus petit, se divise
en deux chambres fort sombres. La première était

un cachot, la deuxième est un lieu sinistre. Dans la première on entrevoit un grand lit de pierre creusé dans le roc vif; dans la seconde, entre deux énormes piliers carrés dont l'un est le mur même, on distingue confusément, après une station de quelques minutes dans cette cave, un madrier scellé transversalement par les deux bouts dans le granit brut, et dont l'arête supérieure présente des façons de dents de scie, comme si elle avait été usée et entaillée profondément et à différents endroits par une corde ou par une chaîne qu'on y aurait nouée. Au milieu de cette traverse il y a un trou carré qui laisse passer le jour, si l'on peut appeler jour la lueur blafarde et terreuse qui s'accroche çà et là aux angles de la voûte. Ce vague et horrible appareil est un gibet. Ces entailles ont été faites en effet par des chaînes patibulaires. Ce trou laissait passer la corde d'en cas. Les deux échelles du patient et du bourreau, qui étaient appliquées aux deux piliers vis-à-vis l'un de l'autre, ont disparu. En face du gibet, il y avait dans la muraille un pertuis par lequel on jetait le cadavre au lac. Ce pertuis a été muré, et s'est changé en une niche basse pleine de ténèbres qui fait une tache noire au pied du mur. A deux pas de cette niche aboutit l'escalier à vis de la chambre de justice avec sa massive porte de chêne à peine équarrie.

La troisième salle ressemble à la première; seulement elle est beaucoup plus obscure. Les meurtrières ont été comblées et se sont transformées en soupiraux. Dans chaque entre-colonnement il y avait un cachot. On a jeté bas les cloisons, et les compartiments qu'avaient remplis tant de misères diverses pendant trois siècles se sont effacés. C'est le cinquième de ces compartiments que Bonnivard a rendu célèbre. Il ne reste plus de son cachot que le pilier, de la chaîne de ses pieds qu'un anneau scellé dans ce même pilier, de la chaîne de son cou qu'un trou dans la pierre. L'anneau de cette chaîne a été arraché. Je suis resté longtemps comme rivé moi-même à ce pilier, autour duquel ce libre penseur a tourné pendant six ans comme une bête fauve. Il ne pouvait se coucher — sur le roc — qu'à grand'peine et sans pouvoir allonger ses membres. Il n'avait en effet d'autres distractions que les distractions des bêtes fauves renfermées. Il usait le bas du pilier avec son talon. J'ai mis ma main dans le trou qu'il a fait ainsi. Et il marquait, en l'usant de même avec le pied, la saillie de granit où sa chaîne lui permettait d'atteindre. Pour tout horizon il avait la hideuse muraille de roc vif opposée au mur qui trempe dans le lac. — Voilà dans quelles cages on mettait la pensée en 1530.

Le premier des cinq compartiments ne m'a pas moins intéressé que le cinquième. Dans le cachot de Bonnivard il y a eu l'intelligence, dans celui-ci il y en a le dévouement. Un jeune homme de Genève, nommé Michel Cotié, avait pour le prieur de Saint-Victor un attachement mêlé d'admiration. Quand il sut Bonnivard à Chillon, il voulut le sauver. Il connaissait le château de Chillon pour y avoir servi ; il s'y introduisit de nouveau et s'y fit donner je ne sais quelle besogne domestique. Quelque imprudence le trahit : il fut pris essayant de communiquer avec Bonnivard. On le traita en espion et on le mit dans un cachot (le premier à droite en entrant). On l'aurait bien pendu, mais le duc de Savoie voulait des aveux qui compromissent Bonnivard. Cotié résista vaillamment à la torture. Une nuit, il tenta de s'échapper : il scia sa chaîne et perça son mur avec un clou, et grimpa jusqu'à un des soupiraux et arracha une barre de fer. Là il se crut sauvé. La nuit était très-noire ; il se jeta dans le lac ; il n'avait séjourné au château que l'été, et il avait remarqué que l'eau ou lac montait à quelques pieds au-dessous des soupiraux ; mais c'était l'hiver : en hiver, il n'y a plus de fontes de neige, l'eau du lac baisse et laisse à découvert les rochers dans lesquels est enraciné Chillon, il ne les vit pas et s'y brisa. — Voilà l'histoire de Cotié.

Rien ne reste de lui que quelques dessins charbonnés sur le mur. Ce sont des figures demi-nature qui ne manquent pas d'un certain style : un *Christ en croix* presque effacé, une *Sainte à genoux* avec sa légende autour de sa tête en caractères gothiques, un *Saint Christophe* (que j'ai copié, vous savez ma manie), et un *Saint Joseph*. L'aventure de Cotié dément, à mon grand regret, la tradition *Christophori faciem*, etc. Son *Saint Christophe* ne l'a pas sauvé de mort violente.

Le soupirail par où Michel Cotié s'est précipité fait face au troisième pilier. C'est sur ce pilier que Byron a écrit son nom avec un vieux poinçon à manche d'ivoire, trouvé, en 1536, dans la chambre du duc de Savoie, par les Bernois qui délivrèrent Bonnivard. Ce nom *Byron*, gravé sur la colonne de granit en grandes lettres un peu inclinées, jette un rayonnement étrange dans le cachot.

Il était midi, j'étais encore dans la crypte, je dessinais le *Saint Christophe* ; — je lève les yeux par hasard, la voûte était bleue. — Le phénomène de la grotte d'Azur s'accomplit dans le souterrain de Chillon, et le lac de Genève n'y réussit pas moins bien que la Méditerranée. Vous le voyez, Louis, la nature n'oublie personne ; elle n'oubliait pas Bonnivard dans sa basse-fosse. A midi, elle changeait le souterrain en palais ; elle tendait toute la voûte de cette splendide moire bleue dont je vous parlais tout à l'heure, et le Léman plafonnait le cachot.

Et puis elle envoyait au prisonnier des martins-pêcheurs qui venaient rire et jouer dans son soupirail.

— Les ducs de Savoie ont disparu du château de Chillon, les martins-pêcheurs l'habitent toujours. L'affreuse crypte ne leur fait pas peur; on dirait qu'ils la croient bâtie pour eux; ils entrent hardiment par les meurtrières, et s'y abritent, tantôt du soleil, tantôt de l'orage.

Il y a sept colonnes dans la crypte, il y avait sept cachots. Les gens de Berne y trouvèrent six prisonniers, parmi lesquels Bonnivard, et les délivrèrent tous, excepté un meurtrier nommé Albrignan, qu'ils pendirent à la traverse de la chambre noire. C'est la dernière fois que ce gibet a servi.

Chaque tour de Chillon pourrait raconter de sombres aventures. Dans l'une, on m'a montré trois cachots superposés; on entre dans celui du haut par une porte, dans les deux autres par une dalle qu'on soulevait et qu'on laissait retomber sur le prisonnier. Le cachot d'en bas recevait un peu de umière par une lucarne; le cachot intermédiaire n'avait ni air ni jour. Il y a quinze mois, on y est descendu avec des cordes, et l'on a trouvé sur le pavé un lit de paille fine où la place d'un corps était encore marquée, et çà et là des ossements humains. Le cachot supérieur est orné de ces lugubres peintures de prisonnier qui semblent faites avec du sang. Ce sont des arabesques, des fleurs, des blasons, un palais à fronton brisé dans le style de la renaissance. — Par la lucarne le prisonnier pouvait voir un peu de feuilles et d'herbe dans le fossé.

Dans une autre tour, après quelques pas sur un plancher vermoulu qui menace ruine et où il est défendu de marcher, j'ai aperçu par un trou carré un abîme creusé dans la masse même de la tour : ce sont les oubliettes. Elles ont quatre-vingt-onze pieds de profondeur, et le fond en était hérissé de couteaux. On y a trouvé un squelette disloqué et une vieille couverture en poil de chèvre rayée de gris et de noir, qu'on a jetée dans un coin, et sur laquelle j'avais les pieds tandis que je regardais dans le gouffre.

Dans une autre tour il y avait une cave comblée. Lord Byron en 1816 demanda la permission d'y faire des fouilles. On la lui refusa sous je ne sais quels prétextes d'architecte. Depuis on a déblayé le caveau. J'y suis descendu. C'est là qu'était la sépulture du duc Pierre de Savoie, qui fut un des grands hommes de son temps, et qu'on avait surnommé le *petit Charlemagne* (deux mots mal accouplés, soit dit en passant). L'an 1268 le duc Pierre fut descendu en grande pompe dans ce caveau. Aujourd'hui, le tombeau et le duc, tout a disparu. J'ai vu la vieille porte pourrie du caveau, sans gonds et sans serrure, appuyée au mur sous le hangar d'une cour voisine, et il ne reste plus rien du grand duc Pierre que l'empreinte carrée du chevet de son sarcophage, arraché de la muraille par les Bernois.

Cette cour voisine était elle-même un cimetière où plusieurs grands seigneurs savoyards avaient des tombes. Il n'y a plus maintenant qu'un peu d'herbe et un vieux lierre mort autour d'une vieille poutre déchaussée.

Je n'ai pu visiter la chapelle, qui est pleine de gargousses. La chambre des ducs est au-dessus du caveau sépulcral. Les Bernois en avaient mutilé les lambris, et en avaient fait un corps de garde. La fumée des pipes a noirci le plafond de bois à caissons fleurdelisés et à nervures semées de croix d'argent. L'ours de Berne est peint sur la cheminée. L'écusson de Savoie est gratté. On montre un trou dans le mur où, dit-on, il y avait un trésor, et d'où les gens de Berne ont tiré avec de grands cris de joie les belles orfévreries de M. de Savoie. Le fait est que tous ces merveilleux vases de Benvenuto et de Colomb ont dû faire un admirable effet en roulant pêle-mêle dans un corps de garde. Vous voyez d'ici le tableau. Si vous le faisiez, Louis, il serait ravissant. — La chambre était ornée d'une belle chasse peinte à fresque dont on voit encore quelques jambes et quelques bras. La fenêtre est une croisée du quinzième siècle assez finement sculptée au dehors.

La porte de cette chambre ducale a été arrachée après l'assaut. On me l'a montrée dans une grande salle voisine, où il y a, par parenthèse, quelques tables curieuses et une belle cheminée. C'est une porte de chêne massif doublée avec des cuirasses aplaties sur l'enclume. Vers le bas de la porte est une ouverture ronde à biseau par laquelle passait le bec d'un fauconneau. Une balle bernoise a profondément troué l'armature de fer, et s'est arrêtée dans le chêne. En mettant le doigt dans le trou on sent la balle.

La salle de justice est voisine de la chambre ducale. Figurez-vous une magnifique nef, plafonnée à caissons, chauffée par une cheminée immense, égayée par dix ou douze fenêtres-ogives trilobées du treizième siècle, et meublée aujourd'hui de canons, ce qui ne dépare pas. Toutes les salles voisines sont pleines de boulets, de bombes, d'obusiers et de canons, dont quelques-uns ont encore la belle forme monstrueuse des derniers siècles. On entrevoit par les portes entre-bâillées ces formidables bouches de cuivre qui reluisent dans l'ombre.

Au bout de la salle de justice est la chambre de torture. A quelques pieds au-dessous du plafond, une grosse poutre la traverse de part en part. J'ai vu dans cette poutre les trois trous où passait la corde de l'estrapade.

Cette solive s'appuie sur un pilier de bois couronné d'un charmant chapiteau du quatorzième siècle, qui a été peint et doré. Le bas du pilier, auquel on attachait le patient, est déchiré par des brûlures noires et profondes. Les instruments de torture, en se promenant sur l'homme, rencontraient le bois de temps en temps. De là ces hideuses cicatrices. La chambre est éclairée par une belle fenêtre-ogive qu'emplit un paysage éblouissant.

Une chose remarquable, c'est que le château de Chillon, quoique entouré d'eau, est préservé de toute humidité à tel point, qu'on en laisse les fenêtres ouvertes hiver comme été. Au printemps, les petits oiseaux viennent faire leur nid dans la bouche des obusiers.

Après une visite de trois heures j'ai quitté Chillon, et, rentré à Vévey, je suis allé revoir Ludlow dans son église. C'est avec un grand sens, selon moi, que la Providence a rapproché la tombe de Ludlow du cachot de Bonnivard. Un fil mystérieux, qui traverse les événements de deux siècles, lie ces deux hommes. Bonnivard et Ludlow avaient la même pensée : l'émancipation de l'esprit et du peuple. La réforme de Luther, à laquelle coopérait Bonnivard, est devenue en cent trente ans la révolution de Cromwell, dans laquelle trempait Ludlow. Ce que Bonnivard voulait pour Genève, Ludlow le voulait pour Londres. Seulement, Bonnivard, c'est l'idée persécutée; Ludlow, c'est l'idée persécutrice; ce que le duc de Savoie avait fait à Bonnivard, Ludlow l'a rendu avec usure à Charles Ier.

L'histoire de la pensée humaine est pleine de ces retours surprenants. Donc, et c'est ici que se clôt le magnifique syllogisme de la Providence, près de la prison de Bonnivard il fallait le sépulcre de Ludlow.

LETTRE XXXIX

Lausanne, 22 septembre, dix heures du soir.

C'est à Lausanne, cher Louis, que j'achève cette interminable lettre. Un vent glacial me vient par ma fenêtre; mais je la laisse ouverte pour l'amour du lac, que je vois presque entier d'ici. Chose bizarre, Vévey est la ville la plus chaude de la Suisse, Lausanne en est la plus froide. Quatre lieues séparent Lausanne de Vévey; la Provence touche la Sibérie.

L'année donne en moyenne à Paris cent cinquante et un jours de pluie; à Vévey, cinquante-six. Prenez cela comme vous voudrez, et ouvrez votre parapluie.

Lausanne n'a pas un monument que le mauvais goût puritain n'ait gâté. Toutes les délicieuses fontaines du quinzième siècle ont été remplacées par d'affreux cippes de granit, bêtes et laids comme des cippes qu'ils sont. L'hôtel de ville a son beffroi, son toit et ses gargouilles de fer brodé, découpé et peint; mais les fenêtres et les portes ont été fâcheusement retouchées. Le vieux château des baillis, cube de pierre rehaussé par des mâchicoulis en brique, avec quatre tourelles aux quatre angles, est d'une fort belle masse; mais toutes les baies ont été refaites; les contrevents verts de Jean-Jacques se sont stupidement cramponnés aux vénérables croisées à croix de Guillaume de Challant. La cathédrale est un noble édifice du treizième et du quatorzième siècle; mais presque toutes les figures ont été soigneusement amputées; mais il n'y a plus un tableau; mais il n'y a plus une verrière; mais elle est badigeonnée en gris de papier à sucre; mais ils ont pauvrement remis à neuf la flèche du clocher de la croisée, et ils ont posé sur le clocher du portail le bonnet pointu du magicien Rothomago. Cependant il y a encore de superbes statues sous le portail méridional, et, à quelques figurines près, on a laissé intacte la belle porte flamboyante de M. de Montfaucon, le dernier évêque qu'ait eu Lausanne. Dans l'intérieur, je me trompais, il reste un vitrail, celui de la rosace. Ils ont respecté aussi un charmant banc d'œuvre de la transition, mêlé de gothique fleuri et de renaissance, don de ce même M. de Montfaucon; un grand nombre de chapiteaux romans, d'une complication exquise, et quelques tombeaux admirables, entre autres celui du chevalier de Granson, qui est couché sur sa tombe, les mains coupées, ayant été vaincu dans un duel. Au-dessous du chevalier, vêtu de sa chemise de fer, j'ai remarqué la pierre mortuaire de M. de Rebecque, aïeul de Benjamin Constant.

Quand je suis sorti de l'église, la nuit tombait, et j'ai encore pensé à vous, mon grand peintre. Lausanne est un bloc de maisons pittoresques, répandu sur deux ou trois collines, qui partent du même nœud central, et coiffé de la cathédrale comme d'une tiare. J'étais sur l'esplanade de l'église devant le portail, et pour ainsi dire sur la tête de la ville. Je voyais le lac au-dessus des toits, les montagnes au-dessus du lac, les nuages au-dessus des montagnes, et les étoiles au-dessus des nuages. C'était comme un escalier où ma pensée montait de marche en marche et s'agrandissait à chaque degré. Vous avez remarqué comme moi que, le soir, les nuées refroidies s'allongent, s'aplatissent et prennent des formes de crocodiles. Un de ces grands crocodiles noirs nageait lentement dans l'air, vers l'ouest; sa queue obstruait un porche lumineux bâti par les nuages au couchant; une pluie tombait de son ventre sur Genève, ensevelie dans les brumes; deux ou trois étoiles éblouissantes sortaient de sa gueule comme des étincelles. Au-dessous de lui, le lac, sombre et métallique, se répandait dans les terres comme une flaque de plomb fondu. Quelques fumées rampaient sur les toits de la ville. Au midi, l'horizon était horrible. On n'entrevoyait que les larges bases des montagnes enfouies sous une monstrueuse excroissance de vapeurs. Il y aura une tempête cette nuit.

Je rentre et je vous écris. J'aimerais bien mieux vous serrer la main et vous parler. Je tâche que ma lettre soit une sorte de fenêtre par laquelle vous puissiez voir ce que je vois.

Adieu, Louis, à bientôt. Vous savez comme je suis à vous; soyez à moi de votre côté.

Vous faites de belles choses, j'en suis sûr; moi, j'en pense de bonnes, et elles sont pour vous; car vous êtes au premier rang de ceux que j'aime. Vous le savez bien, n'est-ce pas?

Je serai à Paris dans dix jours.

CONCLUSION

CONCLUSION

I

Voici de quelle façon était constituée l'Europe dans la première moitié du dix-septième siècle, il y a un peu plus de deux cents ans.

Six puissances du premier ordre : le saint-siége, le saint-empire, la France, la Grande-Bretagne ; nous dirons tout à l'heure quelles étaient les deux autres.

Huit puissances de second ordre : Venise, les Cantons suisses, les Provinces-Unies, le Danemark, la Suède, la Hongrie, la Pologne, la Moscovie.

Cinq puissances de troisième ordre : la Lorraine, la Savoie, la Toscane, Gênes, Malte.

Enfin six États de quatrième ordre : Urbin; Mantoue, Modène, Lucques, Raguse, Genève.

En décomposant ce groupe de vingt-cinq États et en le reconstituant selon la forme politique de chacun, on trouvait : cinq monarchies électives, le saint-siége, le saint-empire, les royaumes de Danemark, de Hongrie et de Pologne; douze monarchies héréditaires, l'empire turc, les royaumes de France, de Grande-Bretagne, d'Espagne et de Suède, les grands duchés de Moscovie et de Toscane, les duchés de Lorraine, de Savoie, d'Urbin, de Mantoue et de Modène; sept républiques, les Provinces-Unies, les treize cantons, Venise, Gênes, Lucques, Raguse et Genève; enfin Malte, qui était une sorte de république à la fois ecclésiastique et militaire, ayant un chevalier pour évêque et pour prince, un couvent pour caserne, la mer pour champ, une île pour abri, une galère pour arme, la chrétienté pour patrie, le christianisme pour client, la guerre pour moyen, la civilisation pour but.

Dans cette énumération des républiques nous omettons les infiniment petits du monde politique; nous ne citons ni Andorre, ni San-Marino. L'histoire n'est pas un microscope.

Comme on vient de le voir, les deux grands

trônes électifs s'appelaient *saints*. Le saint-siége, le saint-empire.

La première des républiques, Venise, était un État de second ordre. Dans Venise, le doge était considéré comme personne privée et n'avait rang que de simple duc souverain; hors de Venise le doge était considéré comme personne publique, il représentait la république même et prenait place parmi les têtes couronnées. Il est remarquable qu'il n'y avait pas de république parmi les puissances de premier ordre, mais qu'il y avait deux monarchies électives, Rome et l'Empire. Il est remarquable qu'il n'y avait point de monarchies électives parmi les États de troisième et de quatrième rang, mais qu'il y avait cinq républiques : Malte, Gênes, Lucques, Raguse, Genève.

Les cinq monarques électifs étaient tous limités, le pape par le sacré collége et les conciles, l'empereur par les électeurs et les diètes, le roi de Danemark par les cinq ordres du royaume, le roi de Hongrie par le palatin, qui jugeait le roi lorsque le peuple l'accusait, le roi de Pologne par les palatins, les grands châtelains et les nonces terrestres. En effet, qui dit élection dit condition.

Les douze monarchies héréditaires, les petites comme les grandes, étaient absolues, à l'exception du roi de la Grande-Bretagne, limité par les deux chambres du parlement, et du roi de Suède, dont le trône avait été électif jusqu'à Gustave Wasa, et qui était limité par ses douze conseillers, par les vicomtes des territoires et par la bourgeoisie presque souveraine de Stockholm. A ces deux princes on pourrait jusqu'à un certain point ajouter le roi de France, qui avait à compter, fort rarement, il est vrai, avec les états généraux, et un peu plus souvent avec les huit grands parlements du royaume.

Les deux petits parlements de Metz et de basse Navarre ne se permettaient guère les remontrances; d'ailleurs, le roi n'eût point fait état de ces jappements.

Des huit républiques, quatre étaient aristocratiques : Venise, Gênes, Raguse et Malte; trois étaient bourgeoises : les Provinces-Unies, Genève et Lucques; une seule était populaire, la Suisse. Encore y estimait-on fort la noblesse, et y avait-il certaines villes où nul ne pouvait être magistrat s'il ne prouvait quatre quartiers.

Malte était gouvernée par un grand maître nommé à vie, assisté des huit baillis conventuels qui avaient la grand'croix et soixante écus de gages, et conseillé par les grands prieurs des vingt provinces. Venise avait un doge nommé à vie; toute la république surveillait le doge, le grand conseil surveillait la république, le sénat surveillait le grand conseil, le conseil des Dix surveillait le sénat, les trois inquisiteurs d'État surveillaient le conseil des Dix, la bouche de bronze dénonçait au besoin les inquisiteurs d'État. Tout magistrat vénitien avait la pâleur livide d'un espion espionné. Le doge de Gênes durait deux ans; il avait à compter avec les vingt-huit familles ayant six maisons, avec le conseil des Quatre-Cents, le conseil des Cent, les huit gouverneurs, le podestat étranger, les syndics souverains, les consuls, la rote, l'office de Saint-Georges et l'office des 44[1]. Les deux ans finis, on le venait chercher au palais ducal et on le reconduisait chez lui en disant : *Vostra serenita ha finito suo tempo, vostra eccellenza sene vada à casa.* Raguse, microcosme vénitien, espèce d'excroissance maladive de la vieille Albanie poussée sur un rocher de l'Adriatique, aussi bien nid de pirates que cité de gentilshommes, avait pour prince un recteur nommé à la fois de trois façons, par le scrutin, par l'acclamation et par le sort. Ce doge nain régnait un mois, avait pour tuteurs et surveillants durant son autorité de trente jours le grand conseil, composé de tous les nobles, les soixante pregadi, les onze du petit conseil, les cinq pourvoyeurs, les six consuls, les cinq juges, les trois officiers de la laine, le collége des Trente, les deux camerlingues, les trois trésoriers, les six capitaines de nuit, les trois chanceliers et les comtes du de-

---

[1] Prononcer l'*office des quatre quatre.* Ce conseil était ainsi nommé pour avoir été institué en 1444. Il était composé de huit hommes.

hors; et, son règne fini, il recevait pour sa peine cinq ducats. Les sept Provinces-Unies s'administraient par un stathouder qui s'appelait Orange ou Nassau, quelquefois par deux, et par leurs états généraux, où siégeaient les nobles, les bonnes villes, les paysans des Ommelandes, et d'où la Hollande et la Frise excluaient le clergé; Utrecht l'admettait. Lucques, que gouvernaient les dix-huit citoyens du conseil du colloque, les cent soixante du grand conseil, et le commandeur de la seigneurie assisté des trois tierciers de Saint-Sauveur, de Saint-Paulin et de Saint-Martin, avait pour chef culminant un gonfalonier élu par les assorteurs. Les vingt-cinq mille habitants formaient une sorte de garde nationale qui défendait et pacifiait la ville; cent soldats étrangers gardaient la seigneurie. Vingt-cinq sénateurs, c'était tout le gouvernement de Genève. La diète générale assemblée à Berne, c'était l'autorité suprême où ressortissaient les treize cantons, régis chacun séparément par leur landamman ou leur avoyer.

Ces républiques, on le voit, étaient diverses. Le peuple n'existait pas à Malte, ne comptait pas à Venise, se faisait jour à Gênes, parlait en Hollande et régnait en Suisse. Ces deux dernières républiques, la Suisse et la Hollande, étaient des fédérations.

Ainsi, dès le commencement du dix-septième siècle, dans les vingt-cinq États du groupe européen, la puissance sociale descendait déjà de nuance en nuance du sommet des nations à leur base, et avait pris et pratiqué toutes les formes que la théorie peut lui donner. Pleinement monarchique dans dix États, elle était monarchique, mais limitée, dans sept, aristocratique dans quatre, bourgeoise dans trois, pleinement populaire dans un.

Dans ce groupe construit par la Providence, la transition des États monarchiques aux États populaires était visible. C'était la Pologne, sorte d'État mi-parti, qui tenait à la fois aux royaumes par la couronne de son chef et aux républiques par les prérogatives de ses citoyens.

Il est remarquable que dans cet arrangement de tout un monde, par je ne sais quelles lois d'équilibre mystérieux, les monarchies puissantes protégeaient les républiques faibles, et conservaient, pour ainsi dire, curieusement ces échantillons de la bourgeoisie d'alors, ébauches de la démocratie future, larves informes de la liberté. Partout la Providence a soin des germes. Le grand duc de Toscane, voisin de Gênes, eût bien voulu lui prendre la Corse; et, comme Lucques était chez lui, il avait cette chétive république sous la main; mais le roi d'Espagne lui défendait de toucher à Gênes, et l'empereur d'Allemagne lui défendait de toucher à Lucques. Raguse était située entre deux formidables voisins, Venise à l'occident, Constantinople à l'orient. Les

Ragusains, inquiets à droite et à gauche, eurent l'idée d'offrir au Grand Seigneur quatorze mille sequins par an; le Grand Seigneur accepta, et, à dater de ce jour, il protégea les franchises des Ragusains. Une ville achetant de la liberté au sultan, c'est déjà un fait étrange; les résultats en étaient plus étranges encore. De temps en temps Venise rugissait vers Raguse, le sultan mettait le holà; la grosse république voulait dévorer la petite, un despote l'en empêchait.

Spectacle singulier! un louveteau menacé par une louve et défendu par un tigre.

Le saint-empire, cœur de l'Europe, se composait comme l'Europe, qui semblait se refléter en lui. A l'époque où nous nous sommes placés, quatre-vingt-dix-huit États entraient dans cette vaste agglomération qu'on appelait l'empire d'Allemagne, et s'étageaient sous les pieds de l'empereur; et dans ces quatre-vingt-dix-huit États étaient représentés, sans exception, tous les modes d'établissements politiques qui se reproduisent en Europe sur une plus grande échelle. Il y avait les souverainetés héréditaires, au sommet desquelles se posaient un archiduché, l'Autriche, et un royaume, la Bohême; les souverainetés électives et viagères, parmi lesquelles les trois électorats ecclésiastiques du Rhin occupaient le premier rang; enfin il y avait les soixante-dix villes libres, c'est-à-dire les républiques.

CONCLUSION

L'empereur alors, comme empereur, n'avait que sept millions de rente. Il est vrai que l'extraordinaire était considérable, et que, comme archiduc d'Autriche et roi de Bohême, il était plus riche. Il tirait cinq millions de rente rien que de l'Alsace, de la Souabe et des Grisons, où la maison d'Autriche avait sous sa juridiction quatorze communautés. Pourtant, quoique le chef du corps germanique eût en apparence peu de revenu, l'empire d'Allemagne au dix-septième siècle était immense. Il atteignait la Baltique au nord, l'Océan au couchant, l'Adriatique au midi. Il touchait l'empire ottoman de Knin à Szolnock, la Hongrie à Boszormeny, la Pologne de Munkacz à Lauenbourg, le Danemark à Rendburg, la Hollande à Groningue, les Flandres à Aix-la-Chapelle, la Suisse à Constance, la Lombardie et Venise à Roveredo, et il entamait par l'Alsace la France d'aujourd'hui.

L'Italie n'était pas moins bien construite que le saint-empire. Quand on examine, siècle par siècle, ces grandes formations historiques de peuples et d'États, on y découvre à chaque instant mille soudures délicates, mille ciselures ingénieuses faites par la main d'en haut, si bien qu'on finit par admirer un continent comme une pièce d'orfévrerie.

Moins grande et moins puissante que l'Allemagne, l'Italie, grâce à son soleil, était plus alerte, plus remuante, et en apparence plus vivace. Le réseau des intérêts y était croisé de façon à ne jamais se rompre et à ne jamais se débrouiller. De là un balancement perpétuel et admirable, une continuelle intrigue de tous contre chacun et de chacun contre tous; mouvement d'hommes et d'idées qui circulait comme la vie même dans toutes les veines de l'Italie.

Le duc de Savoie, situé dans la montagne, était fort. C'était un très-grand seigneur; il était marquis de Suze, de Clèves et de Saluces, comte de Nice et de Maurienne, et il avait un million d'or de revenu. Il était l'allié des Suisses, qui désiraient un voisinage tranquille; il était l'allié de la France, qui avait besoin de ce duc pour faire frontière aux princes d'Italie, et qui avait payé son amitié au prix du marquisat de Saluces; il était l'allié de la maison d'Autriche, à laquelle il pouvait donner ou refuser le passage dans le cas où elle aurait voulu faire marcher ses troupes du Milanez vers les Pays-Bas, *qui ne sont du tout paisibles et branlent toujours au manche,* comme disait Mazarin; enfin, il était l'allié des princes d'Allemagne, à cause de la maison de Saxe, dont il descendait. Ainsi crénelé dans cette quadruple alliance, il semblait inexpugnable; mais, comme il avait trois prétentions, l'une sur Genève, contre la république; l'autre sur Montferrat, contre le duc de Mantoue; la troisième sur l'Achaïe, contre la Sublime Porte, c'était par là que la politique le saisissait de temps en temps pour le secouer ou le retourner. Le grand duc de Toscane avait un pays qu'on appelait l'*État de fer*, une frontière de forteresses et une frontière de montagnes, quinze cent mille écus de revenu, dix millions d'or dans son trésor et deux millions de joyaux, cinq cents chevaux de cavalerie, trente-huit mille gens de pied, douze galères, cinq galéasses et deux galions, son arsenal à Pise, son port militaire à l'île d'Elbe, son four à biscuit à Livourne. Il était allié de la maison d'Autriche par mariage, et du duc de Mantoue par parenté; mais la Corse le brouillait avec Gênes, la question des limites avec le duc d'Urbin, moindre que lui, la jalousie avec le duc de Savoie, plus grand que lui. Le défaut de ses montagnes, c'était d'être ouvert du côté du pape; le défaut de ses forteresses, c'était d'être des forteresses de guerre civile, plutôt faites contre le peuple que contre l'étranger; le défaut de son autorité, c'était d'être assise sur trois anciennes républiques, Florence, Sienne et Pise, fondues et réduites en une monarchie. Le duc de Mantoue était Gonzague; outre Mantoue, très-forte cité bâtie avant Troie, et où l'on ne peut rentrer que par des ponts, il avait soixante-cinq villes, cinq cent mille écus de revenu, et la meilleure cavalerie de l'Italie; mais, comme marquis de Montferrat, il sentait le poids du duc de Savoie. Le duc de Modène était Este; il avait Modène et Reggio; mais comme duc prétendant de Ferrare, il sentait le poids du pape. Le duc d'Urbin était Montefeltro ; il s'étendait sur soixante milles de longueur et sur trente-cinq de largeur, avait un peu d'Ombrie et un peu de Marche, sept villes, trois cents châteaux et douze cents soldats aguerris ; mais, comme voisin d'Ancône, il sentait le poids du pape et lui payait chaque année deux mille deux cent quarante écus. Au centre même de l'Italie, dans un État de forme bizarre qui coupait la presqu'île en deux comme une écharpe, résidait le pape, dont nous esquisserons peut-être plus loin en détail la puissance comme prince temporel. Le pape tenait dans sa main droite les clefs du paradis, ce qui ne l'empêchait pas d'avoir sous sa main gauche la clef de l'Italie inférieure, Gaëte. Indépendamment de l'État de l'Église, il était souverain et seigneur direct des royaumes de Naples et de Sicile, des duchés d'Urbin et de Parme, et, jusqu'à Henri VIII, il avait reçu l'hommage des rois bretons pour l'Angleterre et l'Irlande. Il était d'autant plus maître en Italie, que Naples et Milan étaient à un roi absent. Sa grandeur morale était immense. Respecté de près, vénéré de loin, conférant sans s'amoindrir des dignités égales aux royautés, couronnant ses cardinaux de cet hexamètre hautain : *Principibus præstant et regibus æquiparantur*, pouvant donner sans perte, récompenser sans dépense et châtier sans guerre, il gouvernait toutes les princesses de la chrétienté avec la rose d'or, qui lui revenait à deux cent trente écus, et tous les princes avec l'épée d'or, qui lui revenait à deux cent quarante; et, pour faire humblement agenouiller les empereurs d'Allemagne, lesquels pouvaient mettre sur pied deux cent mille hommes, ce qui représente aujourd'hui un million de soldats, il suffisait qu'il leur montrât les bonnets et les panaches de sa garde suisse, qui lui coûtait deux cents écus par an.

Au nord de l'Europe végétaient dans la pénombre polaire deux monarchie, trop lointaines, en apparence, pour agiter le centre. Pourtant, au seizième siècle, à la demande de Henri II, Christiern II, roi de Danemark, avait pu envoyer en Écosse dix mille soldats sur cent navires. La Suède avait trente-deux enseignes de sept cents hommes de pied chacune, treize compagnies ordinaires de cavalerie, cinquante voiles en temps de paix, soixante-dix en temps de guerre, et versait par an sept tonnes d'or, environ cent mille thalers, au trésor royal. La Suède parut peu brillante jusqu'au jour où Charles XII résuma toute sa lumière en un éclair éblouissant.

A cette époque, la France militaire parlait haut en Europe; mais la France littéraire bégayait encore. L'Angleterre, pour les nations du continent, n'était qu'une île considérable occupée d'un commencement obscur de troubles intérieurs. La Suisse, c'est là sa tâche aux yeux de l'historien, vendait des armées à qui en voulait. Celui qui écrit ces lignes visitait, il y a quelques années, l'arsenal de Lucerne. Tout en admirant les vitraux du seizième siècle, que le sénat lucernois a failli, dit-on, laisser emporter par un financier étranger, moyennant mille francs par croisée, il arriva dans une salle où son guide lui montra deux choses : une grossière veste de montagnard auprès d'une pique, et une magnifique souquenille rouge galonnée d'or auprès d'une hallebarde. La grosse veste, c'était l'habit des paysans de Sempach; la souquenille galonnée, c'était l'uniforme de la garde suisse de l'empereur d'Allemagne. Le visiteur s'arrêta devant cette triste et saisissante antithèse. Ce haillon populaire, cette défroque impériale, ce sayon de pâtre, cette livrée de laquais, c'était toute la gloire et toute la honte d'un peuple pendues à deux clous.

Des voyageurs étrangers qui parcouraient aussi l'arsenal de Lucerne s'écrièrent, en passant près de l'auteur de ce livre : *Que fait cette hallebarde à côté de cette pique?* Il ne put s'empêcher de leur répondre : *Elle fait l'histoire de la Suisse*[1].

---

[1] Les blâmes généraux de l'histoire admettent toujours les restrictions individuelles. Il faut circonscrire la sévérité pour rester dans le juste et dans le vrai. Sans contredit, et nonobstant tous les motifs d'économie politique pris dans un excédant de population qui se fût plus honorablement écoulé en émigrations ou en colonies, sans contredit, ces ventes d'armées faites par un peuple libre à tous

CONCLUSION

L'esquisse qu'on peut faire en son esprit de l'Europe à cette époque ne serait pas complète si l'on ne se figurait au nord, dans le crépuscule d'un hiver éternel, une étrange figure assise, un peu en deçà du Don, sur la frontière de l'Asie. Ce fantôme, qui occupait les imaginations au dix-septième siècle, comme un génie, moitié dieu, moitié prince, des *Mille et une Nuits*, s'appelait le grand knez de Moscovie.

Ce personnage, plutôt Asiatique qu'Européen,

---

les despotismes qui avaient besoin de soldats, sont une chose immorale et honteuse. C'était, redisons-le, transformer des citoyens en condottieri, un homme libre en lanz-knecht, l'uniforme en livrée. Il est malheureusement vrai de dire qu'au dix-septième et même au dix-huitième siècle, l'habit militaire des Suisses capitulés avait cet aspect. Il est triste également que le mot *Suisse*, qui éveille dans l'esprit une idée d'indépendance, puisse y éveiller aussi une idée de domesticité. Nous avons encore le *suisse* des hôtels, le *suisse* des cathédrales. « *Il m'avait fait venir d'Amiens pour être* suisse. » Mais il serait inique d'étendre la réprobation que soulève un fait de nation, considérée dans son ensemble, à tous les individus, souvent honorables et purs, qui ont participé à ce fait ou l'ont subi. Hâtons-nous de le proclamer, sous cette livrée il y a eu des héros. Les Suisses, même capitulés, ont été souvent sublimes. Après avoir vendu leur service, qui pouvait s'acheter, ils ont donné leur dévouement, qui ne pouvait se payer. Abstraction faite de l'origine fâcheuse des concordats militaires, à un certain point de vue historique, que l'auteur de ce livre est loin de répudier, les Suisses, par exemple, ont été admirables aux Tuileries. Il est beau peut-être que la nation qui, la première en Europe, a donné son sang pour la liberté naissante, l'ait donné la dernière pour la royauté mourante ; et sous ce rapport le 10 août 1792 n'est pas indigne du 17 novembre 1307.

plutôt fabuleux que réel, régnait sur un vaste pays, périodiquement dépeuplé par les courses des Tartares. Le roi de Pologne avait la Russie noire, c'est-à-dire la terre; lui, il avait la Russie blanche, c'est-à-dire la neige. On faisait cent récits et cent contes de lui dans les salons de Paris, et, tout en s'extasiant sur les sixains de Benserade à Julie d'Angennes, on se demandait, pour varier la conversation, s'il était bien prouvé que le grand knez pût mettre en campagne trois cent mille chevaux. La chose paraissait chimérique, et ceux qui la déclaraient impossible rappelaient que le roi de Pologne Étienne était entré victorieusement en Moscovie et avait failli la conquérir avec soixante mille hommes, et qu'en 1560 le roi de Montgul était venu à Moscou avec quatre-vingt mille chevaux et l'avait brûlée. *Le knez est fort riche*, écrivait madame Pilou, *il est seigneur et maître absolu de toutes choses. Ses sujets chassent aux fourrures. Il prend pour lui les meilleures peaux et les plus chères, et se fait sa portion à sa volonté.* Les princes d'Europe, par curiosité plus encore que par politique, envoyaient au knez des ambassades presque ironiques. Le roi de France hésitait à le traiter d'Altesse. C'était le temps où l'empereur d'Allemagne ne donnait au roi de Pologne que de la Sérénité, et où le marquis de Brandebourg tenait à insigne honneur d'être archichambellan de l'empire. Philippe Pernisten, que l'empereur avait envoyé à Moscou pour savoir ce que c'était, était revenu épouvanté de la couronne du knez, qui surpassait en valeur, disait-il, les quatre couronnes réunies du pape, du roi de France, du roi catholique et de l'empereur. Sa robe était *toute semée de diamants, rubis, émeraudes et autres pierres grosses comme des noisettes.* Pernisten avait rapporté en présent à l'empereur d'Allemagne *huit quarantaines de zoboles et de martres zibelines, dont chacune fut estimée à Vienne deux cents livres.* Il ajoutait, du reste, que les *Circassiens des cinq montagnes étaient pour ce prince un grand embarras.* Il estimait l'infanterie moscovite à *vingt mille hommes.* Quoi qu'il en fût de ces narrations orientales, c'était une distraction pour l'Europe, occupée alors de tant de grosses guerres, d'écouter de temps en temps le petit cliquetis d'épées divertissant et lointain que faisait dans son coin le knez de Moscovie ferraillant avec le précop, prince des Tartares.

On n'avait sur sa puissance et sa force que des idées très-incertaines. Quant à lui, plus loin que le roi de Pologne, plus loin que le roi de Hongrie, majesté à tête rase et à moustaches longues, plus loin que le grand duc de Lithuanie, prince déjà fort sauvage à voir, habillé d'une pelisse et coiffé d'un bonnet de fourrures, on l'apercevait assez nettement, immobile sur une sorte de chaire-trône, entre l'image de Jésus et l'image de la Vierge, crossé, mitré, les mains pleines de bagues, vêtu d'une longue robe blanche comme le pape, et entouré d'hommes couverts d'or de la tête aux pieds. Quand des ambassadeurs européens étaient chez lui, il changeait de mitre tous les jours pour les éblouir.

Au delà de la Moscovie et du grand knez, dans plus d'éloignement et dans moins de lumière, on pouvait distinguer un pays immense au centre duquel brillait dans l'ombre le lac de Caniclu, plein de perles et où fourmillaient, échangeant entre eux des monnaies d'écorce d'arbre et de coquilles de mer, des femmes fardées, habillées, comme la terre non cultivée, de noir en été et de blanc en hiver, et des hommes vêtus de peaux humaines écorchées sur leurs ennemis morts. Dans l'épaisseur de ce peuple, qui pratiquait farouchement une religion composée de Mahomet, de Jésus-Christ et de Jupiter, dans la ville monstrueuse de Cambalusa, habitée par cinq mille astrologues et gardée par une innombrable cavalerie, on entrevoyait, au milieu des foudres et des vents, assis, jambes croisées, sur un tapis circulaire de feutre noir, le grand khan de Tartarie, qui répétait par intervalles d'un air terrible ces paroles gravées sur son sceau : *Dieu au ciel, le grand khan sur la terre.*

Les oisifs parisiens racontaient du khan, comme du knez, force choses merveilleuses. L'empire du khan des Tartares avait été fondé, disait-on, par le maréchal Canguiste, que nous nommons aujourd'hui Gengis-khan. L'autorité de ce maréchal était telle, qu'il fut obéi un jour par sept princes auxquels il avait commandé de tuer leurs enfants. Ses successeurs n'étaient pas moindres que lui. Le nom du grand khan régnant était écrit au fronton de tous les temples en lettres d'or, et le dernier des titres de ces princes était *âme de Dieu*. Il partageait avec le grand knez la royauté des hordes. Un jour, apprenant par les astrologues que la ville de Cambalusa devait se révolter, Cublai-khan en fit faire une autre à côté, qu'il appela Taïdu. Voilà ce que c'était que le grand khan.

Au dix-septième siècle, n'oublions pas qu'il n'y a de cela que deux cents ans, il y avait hors d'Europe, au nord et à l'orient, une série fantastique de princes prodigieux et incroyables, échelonnés dans l'ombre; mirage étrange, fascination des poëtes et des aventuriers, qui, au treizième siècle, avait fait rêver Dante et partir Marco Polo. Quand on allait vers ces princes, ils semblaient reculer dans les ténèbres; mais, en cherchant leur empire, on trouvait tantôt un monde, comme Colomb, tantôt une épopée, comme Camoens. Vers la frontière septentrionale de l'Europe, la première de ces figures extraordinaires, la plus rapprochée et la mieux éclairée, c'est le grand duc de Lithuanie; la deuxième, distincte encore, c'était le grand knez de

Moscovie; la troisième, déjà confuse, c'était le grand khan de Tartarie; et, au delà de ces trois visions, le grand shérif sur son trône d'argent, le grand sophi sur son trône d'or, le grand zamorin sur son trône d'airain, le grand mogol entouré d'éléphants et de canons de bronze, le sceptre étendu sur quarante-sept royaumes, le grand lama, le grand cathay, le grand daïr, de plus en plus vagues, de plus en plus étranges, de plus en plus énormes, allaient se perdant les uns derrière les autres dans les brumes profondes de l'Asie.

II

Sauf quelques détails qui viendront en leur lieu et qui ne dérangeront en rien cet ensemble, telle était l'Europe au moment que nous avons indiqué. Comme on l'a pu reconnaître, le droit divin, qui conduit les générations de progrès en progrès, était dès lors partout visible dans la disposition intérieure et extérieure des éléments qui la constituaient, et cette ruche de royaumes et de nations était admirablement construite pour que déjà les idées y pussent aller et venir à leur aise et faire dans l'ombre la civilisation.

A ne prendre que l'ensemble, et en admettant

les restrictions qui sont dans toutes les mémoires, ce travail, qui est la véritable affaire du genre humain, se faisait au commencement du dix-septième siècle en Europe mieux que partout ailleurs. En ce temps où vivaient, respirant le même air, et par conséquent, fût-ce à leur insu, la même pensée, se fécondant par l'observation des mêmes événements, Galilée, Grotius, Descartes, Gassendi, Harvey, Lope de Vega, Guide, Poussin, Ribera, Van Dyk, Rubens, Guillaume d'Orange, Gustave-Adolphe, Walstein, le jeune Richelieu, le jeune Rembrandt, le jeune Salvator Rosa, le jeune Milton, le jeune Corneille et le vieux Shakspeare, chaque roi, chaque peuple, chaque homme, par la seule pente des choses, convergeaient au même but, qui est encore aujourd'hui la fin où tendent les générations, l'amélioration générale de tout par tous, c'est-à-dire la civilisation même. L'Europe, insistons sur ce point, était ce qu'elle est encore, un grand atelier où s'élaborait en commun cette grande œuvre.

Deux seuls intérêts, séparés dans un but égoïste de l'activité universelle, épiant sans cesse pour choisir leur moment le vaste atelier européen, l'un procédant par invasion, l'autre par empiétement; l'un bruyant et terrible dans son allure, brisant de temps à autre les barrières et faisant brèche à la muraille; l'autre, habile, adroit et politique, se glissant par toute porte entr'ouverte, tous deux gagnant continuellement du terrain, troublaient, pressaient entre eux et menaçaient alors l'Europe. Ces deux intérêts, ennemis d'ailleurs, se personnifiaient en deux empires; et ces deux empires étaient deux colosses.

Le premier de ces deux colosses, qui avait pris position sur un côté du continent au fond de la Méditerranée, représentait l'esprit de guerre, de violence et de conquête : la barbarie. Le second, situé de l'autre côté, au seuil de la même mer, représentait l'esprit de commerce, de ruse et d'envahissement : la corruption. Certes, voilà bien les deux ennemis naturels de la civilisation.

Le premier de ces deux colosses s'appuyait puissamment à l'Afrique et à l'Asie. En Afrique, il avait Alger, Tunis, Tripoli de Barbarie et l'Égypte entière d'Alexandrie à Syène, c'est-à-dire toute la côte depuis le peñon de Velez jusqu'à l'isthme de Suez; de là il s'enfonçait dans l'Arabie Troglodyte, depuis Suez sur la mer Rouge jusqu'à Suakem.

Il possédait trois des cinq tables en lesquelles Ptolémée a divisé l'Asie, la première, la quatrième et la cinquième.

Posséder la première table, c'était avoir le Pont, la Bithynie, la Phrygie, la Lycie, la Paphlagonie, la Galatie, la Pamphylie, la Cappadoce, l'Arménie mineure, la Caramanie, c'est-à-dire tout le Trapezus de Ptolémée depuis Alexandrette jusqu'à Trébizonde.

Posséder la quatrième table, c'était avoir Chypre, la Syrie, la Palestine, tout le rivage depuis Firamide jusqu'à Alexandrie, l'Arabie Déserte et l'Arabie Pétrée, la Mésopotamie et Babylone, qu'on appelait Bagadet.

Posséder la cinquième table, c'était avoir tout ce qui est compris entre deux lignes, dont l'une monte de Trébizonde au nord jusqu'à l'Hermanassa de Ptolémée et jusqu'au Bosphore Cimmérien, que les Italiens appelaient bouche de Saint-Jean, et dont l'autre, entamant l'Arabie Heureuse, va de Suez à l'embouchure du Tigre.

Outre ces trois immenses régions il avait la grande Arménie et tout ce que Ptolémée met dans la troisième table d'Asie jusqu'aux confins de la Perse et de la Tartarie.

Ainsi ses domaines d'Asie touchaient, au nord, l'Archipel, la mer de Marmara, la mer Noire, le Palus-Méotide et la Sarmatie asiatique; au levant, la mer Caspienne, le Tigre et le golfe Persique, qu'on nommait mer d'Elcalif; au couchant, le golfe Arabique, qui est la mer Rouge; au midi, l'océan des Indes.

En Europe, il avait l'Adriatique à partir de Knin au-dessus de Raguse, l'Archipel, la Propontide, la mer Noire jusqu'à Caffa en Crimée, qui est l'ancienne Théodosie; la haute Hongrie jusqu'à Bude; la Thrace, aujourd'hui la Roumélie; toute la Grèce, c'est-à-dire la Thessalie, la Macédoine, l'Épire, l'Achaïe et la Morée; presque toute l'Illyrie; la Dalmatie, la Bosnie, la Servie, la Dacie et la Bulgarie; la Moldavie, la Velachie et la Transylvanie, dont les trois vayvodes étaient à lui; tout le cours du Danube depuis Watzen jusqu'à son embouchure.

Il possédait en rivages de mer onze mille deux cent quatre-vingts milles d'Italie, et en surface de terre un million deux cent trois mille deux cent dix-neuf milles carrés.

Qu'on se figure ce géant de neuf cent lieues d'envergure et de onze cents lieues de longueur couché sur le ventre en travers du vieux monde, le talon gauche en Afrique, le genou droit sur l'Asie, un coude sur la Grèce, un coude sur la Thrace, l'ombre de sa tête sur l'Adriatique, l'Autriche, la Hongrie et la Podolie, avançant sa face monstrueuse tantôt sur Venise, tantôt sur la Pologne, tantôt sur l'Allemagne, et regardant l'Europe.

L'autre colosse avait pour chef-lieu, sous le plus beau ciel du monde, une presqu'île baignée au levant par la Méditerranée, au couchant par l'Océan, séparée de l'Afrique par un étroit bras de mer, et de l'Europe par une haute chaîne de montagnes. Cette presqu'île contenait dix-huit royaumes, auxquels il imprimait son unité.

Il tenait Serpa et Tanger, qui sont les verrous du détroit de Gibraltar, et, selon qu'il lui plaisait de l'ouvrir ou de le fermer, il faisait de la Méditerranée une mer ou un lac. De sa presqu'île il répandait ses flottes dans cette mer par vingt-huit grands ports métropolitains; il en avait trente-sept sur l'Océan.

Il possédait en Afrique le peñon de Velez, Melilla, Oran, Marzalcabil, qui est le meilleure havre de la Méditerranée, Nazagan et toute la côte depuis le cap d'Aguirra jusqu'au cap Gardafu; en Amérique, une grande partie de la presqu'île septentrionale, la côte de Floride, la Nouvelle-Espagne, le Yucatan, le Mexique et le cap de Californie, le Chili, le Pérou, le Brésil, le Paraguay, toute la presqu'île méridionale jusqu'aux Patagons; en Asie, Ormuz, Diu, Goa, Malacca, qui sont les quatre plus fortes places de la côte, Daman, Bazin, Zanaa, Ciaul, le port de Colomban; les royaumes de Camanor, de Cochin et de Colan, avec leurs forteresses, et, Calicut excepté, tout le rivage de l'océan des Indes, de Daman à Melipour.

Il avait dans la mer, et dans toutes les mers, les trois îles Baléares, les douze îles Canaries, les Açores, Santo-Puerto, Madère, les sept îles du Cap-Vert, Saint-Thomas, l'île Dieu, Mozambique, la grande île de Baaren, l'île de Manar, l'île de Ceylan; quarante des îles Philippines, dont la principale, Luzan, est longue de deux cents lieues; Porto-Rico, Cuba, Saint-Domingue; les quatre cents îles Lucayes et les îles de la mer du Nord, dont on ne savait pas le nombre.

C'était avoir à soi toute la mer, presque toute l'Amérique, et en Afrique et en Asie à peu près tout ce que l'autre colosse ne possédait pas.

En Europe, outre sa vaste presqu'île, centre de sa puissance et de son rayonnement, il avait la Sardaigne et la Sicile, qui sont trop des royaumes pour n'être comptées que comme des îles. Il tenait l'Italie par les deux extrémités, par le royaume de Naples et par le duché de Milan, qui tous deux étaient à lui. Quant à la France, il la saisissait peut-être plus étroitement encore, et les trois États qu'il avait sur ses frontières, traçant une sorte de demi-cercle, le Roussillon, la Franche-Comté et la Flandre, étaient comme son bras passé autour d'elle.

Le premier de ces deux colosses, c'était la Turquie; le second, c'était l'Espagne.

III

Ces deux empires inspiraient à l'Europe, l'un une profonde terreur, l'autre une profonde défiance.

Par la Turquie, c'était l'esprit de l'Asie qui se répandait sur l'Europe; par l'Espagne, c'était l'esprit de l'Afrique.

L'islamisme, sous Mahomet II, avait enjambé formidablement l'antique passage du Bœuf, Bos-Poros, et avait insolemment planté sa queue de cheval attachée à une pique dans la ville qui a sept collines comme Rome, et qui avait eu des églises quand Rome n'avait encore que des temples.

CONCLUSION

Depuis cette fatale année 1453, la Turquie, comme nous l'avons dit plus haut, avait représenté en Europe la barbarie. En effet, tout ce qu'elle touchait perdait en peu d'années la forme de la civilisation. Avec les Turcs, et en même temps qu'eux, l'incendie inextinguible et la peste perpétuelle s'étaient installés à Constantinople. Sur cette ville qu'avait dominée si longtemps la croix lumineuse de Constantin, il y avait toujours maintenant un tourbillon de flamme ou un drapeau noir.

Un de ces hasards mystérieux où l'esprit croit voir lisiblement écrits les enseignements directs de la Providence, avait donné, comme proie à ce redoutable peuple, la métropole même de la sociabilité humaine, la patrie de la pensée, la terre de la poésie, de la philosophie et de l'art, la Grèce. A l'instant même, au seul contact des Turcs, la Grèce, fille de l'Égypte et mère de l'Italie, la Grèce était devenue barbare. Je ne sais quelle lèpre avait défiguré son peuple, son sol, ses monuments, jusqu'à son admirable idiome. Une foule de consonnes farouches et de syllabes hérissées avait crû, comme la végétation d'épines et de broussailles qui obstrue les ruines, sur ses mots les plus doux, les plus sonores, les plus harmonieux, les mieux prononcés par les poëtes. Le grec, en passant par la bouche des Turcs, en était retombé patois. Les vocables turcs, bourbe de tous les idiomes d'Asie,

CONCLUSION

avaient troublé à jamais, en s'y précipitant pêle-mêle, cette langue si transparente, si pure et si splendide, langue de cristal d'où était sortie une poésie de diamant. Les noms des villes grecques s'étaient déformés et étaient devenus hideux. Les contrées voisines, sur lesquelles Hellé rayonnait jadis, avaient subi la même souillure; Argos s'était changée en Filoquia, Delos en Dili, Didymo-Tychos en Dimotuc, Tzolorus en Tchourli, Zephirium en Zafra, Sagalessus en Sadjaklu, Nyssa en Nous-Shehr, Moryssus en Moucious, Cybistra en Bustereh, le fleuve Acheloüs en Aspro-Potamos, et le fleuve Poretus en Pruth. N'est-ce pas avec le sentiment douloureux qu'inspire la dégradation et la parodie qu'on reconnaît, dans Stan-Ko, Cos, patrie d'Apelles et d'Hippocrate, dans Fionda, Phasélis, où Alexandre fut obligé de mettre un pied dans la mer, tant le passage Climax était étroit; dans Hesen-now, Novus, où était le trésor de Mithridate; dans Skipsilar, Scapta-Hyla, où Thucydide avait des mines d'or et écrivait son histoire; dans Tmeswar, Tomi, où fut exilé Ovide; dans Kokso, Coutousos, où fut exilé saint Chrysostome; dans Giustendil, Justiniana, berceau de Justinien; dans Salenti, Trajanopolis, tombeau de Trajan! L'Olympe, l'Ossa, le Pélion et le Pinde s'appelaient le beylick de Janina; un pacha accroupi sur une peau de tigre fronçait le sourcil dans la même montagne que Jupiter. La dérision amère qui semblait sortir des mots sortait aussi des choses : l'Étolie, cette ancienne république si puissante et si fière, formait le Despotat. Quant à la vallée de Tempé, *frigida Tempe*, devenue sauvage et inaccessible sous le nom de Lycostomo, pleine désormais de haine, de ronces et d'obscurité, elle s'était métamorphosée en vallée des Loups.

L'idée terrible qu'éveille la barbarie faite nation, ayant des flottes et des armées, s'incarnait vivante et complète dans le sultan des Turcs. C'est à peine si l'Europe osait regarder de loin ce prince effrayant. Les richesses du sultan, du Turc, comme on l'appelait, étaient fabuleuses; son revenu dépassait quinze millions d'or. La sultane sœur de Sélim avait deux mille cinq cents sequins d'or de rente par jour. Le Turc était le plus grand prince en cavalerie. Sans compter sa garde immédiate, les quatorze mille janissaires, qui étaient une infanterie, il entretenait constamment autour de lui, sur le pied de guerre, cinquante mille spahis et cent cinquante mille timariots, ce qui faisait deux cent mille chevaux. Ses galères étaient innombrables. L'année d'après Lépante, la flotte ottomane tenait encore tête à toutes les marines réunies de la chrétienté. Il avait de si grosse artillerie, que, s'il fallait en croire les bruits populaires, le vent de ses canons ébranlait les murailles. On se souvenait avec frayeur qu'au siége de Constantinople Mahomet II avait fait construire, en maçonnerie liée de cercles de fer, un mortier monstrueux qu'on manœuvrait sur rouleaux, que deux mille jougs de bœufs pouvaient à peine traîner, et qui, inclinant sa gueule sur la ville, y vomissait nuit et jour des torrents de bitume et des blocs de rochers. Les autres princes, avec leurs engins et leurs bombardes, semblaient peu de chose auprès de ces sauvages sultans, qui versaient ainsi des volcans sur les villes. La puissance du Turc était tellement démesurée, et il savait si bien faire front de toutes parts, que, tout en guerroyant contre l'Europe, Soliman avait pris à la Perse le Diarbékir et Amurat la Médie; Sélim avait conquis sur les mamelucks l'Égypte et la Syrie, et Amurat III avait exterminé les Géorgiens ligués avec le sophi. Le sultan ne mettait en communication avec les rois de la chrétienté que la porte de son palais. Il datait de son étrier impérial les lettres qu'il leur écrivait, ou plutôt les ordres qu'il leur donnait. Quand il avait un accès de colère, il faisait casser les dents à leurs ambassadeurs à coups de poing par le bourreau. Pour les Turcs mêmes, l'apparition du sultan, c'était l'épouvante. Les noms qu'ils lui donnaient exprimaient surtout l'effroi : ils l'appelaient le *fils de l'esclave*, et ils nommaient son palais d'été la *maison du meurtrier*. Ils l'annonçaient aux autres nations par des glorifications sinistres. *Où son cheval passe*, disaient-ils, *l'herbe ne croît plus.*

Le roi des Espagnols et des Indes, espèce de sultan catholique, était plus riche à lui seul que tous les princes de la chrétienté ensemble. A ne compter que son revenu ordinaire, il tirait chaque année d'Italie et de Sicile quatre millions d'or, deux millions d'or du Portugal, quatorze millions d'or de l'Espagne, trente millions d'or de l'Amérique. Les dix-sept provinces de l'État des Pays-Bas, qui comprenait alors l'Artois, le Cambrésis et les Ardennes, payaient annuellement au roi catholique un ordinaire de trois millions d'or. Milan était une riche proie, convoitée de toutes parts, et par conséquent malaisée à garder. Il fallait surveiller Venise, voisine jalouse; couvrir de troupes la frontière de Savoie pour arrêter le duc, *se ruant à l'impourvu*, comme disait Sully, bien armer le fort de Fuentes, pour tenir en respect les Suisses et les Grisons; entretenir et réparer les bonnes citadelles du pays, surtout Novarre, Pavie, Crémone, *qui a*, comme écrivait Montluc, *une tour forte tout ce qui se peut, qu'on met entre les merveilles de l'Europe.* Comme la ville était remuante, il fallait y nourrir une garnison espagnole de six cents hommes d'armes, de mille chevau-légers et de trois mille fantassins, et bien tenir en état le château de Milan, auquel on travaillait sans cesse. Milan, on le voit, coûtait fort cher; pourtant, tous frais faits, le Milanez rapportait tous les ans à l'Espagne huit cent mille ducats. Les plus petites fractions de cette énorme monarchie donnaient leur denier; les îles Baléares versaient par an cinquante mille écus. Tout ceci, nous le répétons, n'était que le revenu ordinaire. L'extraordinaire était incalculable. Le seul produit de la Cruzade valait le revenu d'un royaume; rien qu'avec les subsides de l'Église le roi entretenait continuellement cent bonnes galères. Ajoutez à cela la vente des commanderies, les caducités des États et des biens, les alcavales, les tiers, les confiscations, les dons gratuits des peuples et des feudataires. Tous les trois ans le royaume de Naples donnait douze cent mille écus d'or, et, en 1615, la Castille offrait au roi, qui daignait accepter, quatre millions d'or payables en quatre ans.

Cette richesse se résolvait en puissance. Ce que le sultan était par la cavalerie, le roi d'Espagne l'était par l'infanterie. On disait en Europe : *cavalerie turque, infanterie espagnole*. Être grave comme un gentilhomme, diligent comme un miquelet, solide aux chocs d'escadrons, imperturbable à la mousquetade, connaître son avantage et son désavantage à la guerre, conduire silencieusement sa furie, suivre le capitaine, rester dans les rangs, ne point s'égarer, ne rien oublier, ne pas disputer, se servir de toute chose, endurer le froid, le chaud, la faim, la soif, le malaise, la peine et la fatigue, marcher comme les autres combattent, combattre comme les autres marchent, faire de la patience le fond de tout et du courage la saillie de la patience : voilà quelles étaient les qualités du fantassin espagnol. C'était le fantassin castillan qui avait chassé les Maures, abordé l'Afrique, dompté la côte, soumis l'Éthiopie et la Cafrerie, pris Malacca et les îles Moluques, conquis les vieilles Indes et le nouveau monde. Admirable infanterie qui ne se brisa que le jour où elle se heurta au grand Condé? Après l'infanterie espagnole venait, par ordre d'excellence, l'infanterie wallone, et l'infanterie wallone était aussi au roi d'Espagne. Sa cavalerie, qui ne le cédait qu'à la turque, était la mieux montée qui fût en Europe; elle avait les genets d'Espagne, les coursiers du Règne, les chevaux de Bourgogne et de Flandre. Les arsenaux du roi catholique regorgeaient de munitions de guerre. Rien que dans les trois salles d'armes de Lisbonne, il y avait des corselets pour quinze mille hommes de pied, et des cuirasses pour dix mille cavaliers. Ses forteresses étaient sans nombre et partout, et dix d'entre elles, Collioure, Perpignan et Salses au midi, au nord Gravelines,

Dunkerque, Hesdin, Arras, Valenciennes, Philippeville et Marienbourg, faisaient brèche à la France d'aujourd'hui.

La plus grande puissance de l'Espagne, si puissante par ses forteresses, sa cavalerie et son infanterie, ce n'était ni son infanterie, ni sa cavalerie, ni ses forteresses; c'était sa flotte. Le roi catholique, qui avait les meilleurs hommes de guerre de l'Europe, avait aussi les meilleurs hommes de mer. Aucun peuple navigateur n'égalait à cette époque les Catalans, les Biscayens, les Portugais et les Génois. Séville, qui comptait alors parmi les principales villes maritimes de l'Europe, bien que située assez avant dans les terres, et où abordaient toutes les flottes du Mexique et du Pérou, était une pépinière de matelots.

Pour nous faire une idée complète du poids qu'avait l'Espagne autrefois comme puissance maritime, nous avons voulu savoir au juste ce que c'était que la grande Armada de Philippe II, si fameuse et si peu connue, comme tant de choses fameuses. L'histoire en parle et s'en extasie; mais l'histoire, qui hait le détail, et qui, selon nous, a tort de haïr, ne dit pas les chiffres. Ces chiffres, nous les avons cherchés dans l'ombre où l'histoire les avait laissés tomber; nous les avons retrouvés à grand'peine; les voici. Rien, à notre sens, n'est plus instructif et plus curieux.

C'était en 1588. Le roi d'Espagne voulut en finir d'une seule fois avec les Anglais, qui déjà le harcelaient et taquinaient le colosse. Il arma une flotte. Il y avait dans cette flotte vingt-cinq gros vaisseaux de Séville, vingt-cinq de Biscaye, cinquante petits vaisseaux de Catalogne et de Valence, cinquante barques de la côte d'Espagne, vingt chaloupes des quatre villages de la côte de Guipuscoa, cent gabares de Portugal, quatorze galères et quatre galéasses de Naples, douze galères de Sicile, vingt galères d'Espagne et trente ourques d'Allemagne; en tout trois cent cinquante voiles manœuvrées par neuf mille marins.

On n'apprécierait pas exactement cette escadre si l'on ne se rappelait ce que c'était alors qu'une galère. Une galère représentait une somme considérable. Toute la côte septentrionale d'Afrique, Alger et Tripoli exceptées, ne produisait pas au sultan de quoi faire et maintenir deux galères.

L'approvisionnement de bouche de l'Armada était immense. En voici le chiffre très-singulier et très-exact : cent soixante-sept mille cinq cents quintaux de biscuit, fournis par Murcie, Burgos, Campos, la Sicile, Naples et les îles; onze mille quintaux de chair salée, fournis par l'Estramadure, la Galice et les Asturies; onze mille quintaux de lard, fournis par Séville, Ronda et la Biscaye; vingt-trois mille barils de poisson salé, fournis par Cadix et l'Algarve; vingt-huit mille quintaux de fromage, fournis par Mayorque, Senegallo et le Portugal; quatorze mille quintaux de riz, fournis par Gênes et Valence; vingt-trois mille poids d'huile et de vinaigre, fournis par l'Andalousie : le poids valait cinq cents livres; vingt-six mille fanègues de fèves, fournies par Carthagène et la Sicile; vingt-six mille poinçons de vin, fournis par Malaga, Maxovella, Ceresa et Séville. Les provisions en blé, fer et toiles venaient d'Andalousie, de Naples et de Biscaye; le total s'en est perdu.

Cette flotte portait une armée : vingt-cinq mille Espagnols, cinq mille tirés des régiments d'Italie, six mille des Canaries, des Indes et des garnisons de Portugal, le reste des recrues; douze mille Italiens, commandés par dix mestres de camp; vingt-cinq mille Allemands, douze cents chevau-légers de Castille, deux cents de la côte et deux cents de la frontière, c'est-à-dire seize cents cavaliers, trois mille huit cents canonniers et quatre cents gastadours; ce qui, en y comprenant les neuf mille marins, faisait en tout soixante-seize mille huit cents hommes.

Ce monstrueux armement eût anéanti l'Angleterre. Un coup de vent l'emporta.

Ce coup de vent, qui souffla dans la nuit du 2 septembre 1588, a changé la forme du monde.

Outre ses forces visibles, l'Espagne avait ses forces occultes. Certes, sa surface était grande, mais sa profondeur était immense. Elle avait partout sous terre des galeries, des sapes, des mines et des contre-mines, des fils cachés, des ramifications inconnues, des racines inattendues. Plus tard, quand Richelieu commença à donner des coups de bêche dans le vieux sol européen, il était surpris à chaque instant de sentir rebrousser l'outil et de rencontrer l'Espagne. Ce qu'on voyait d'elle au grand jour allait loin; ce qu'on ne voyait pas pénétrait plus avant encore. On pourrait dire que, dans les affaires de l'univers à cette époque, il y avait encore plus d'Espagne en dessous qu'en dessus.

Elle tenait aux princes d'Italie par les mariages : *Austria nube;* aux républiques marchandes, par le commerce; au pape, par la religion, par je ne sais quoi de plus catholique que Rome même; au monde entier, par l'or dont elle avait la clef. L'Amérique était le coffre-fort, l'Espagne était le caissier. Comme maison d'Autriche, elle dominait pompeusement l'Allemagne et la menait sourdement. L'Allemagne, dans les mille ans de son histoire moderne, a été possédée une fois par le génie de la France, sous Charlemagne, et une fois par le génie de l'Espagne, sous Charles-Quint. Seulement, Charles-Quint mort, l'Espagne n'avait pas lâché l'Allemagne.

Comme on voit, l'Espagne avait quelque chose de plus puissant encore que sa puissance, c'était sa politique. La puissance est le bras, la politique est la main.

L'Europe, on le conçoit, était mal à l'aise entre ces deux empires gigantesques, qui pesaient sur elle du poids de deux mondes. Comprimée par l'Espagne à l'occident et par la Turquie à l'orient, chaque jour elle semblait se rétrécir; et la frontière européenne, lentement repoussée, reculait vers le centre. La moitié de la Pologne et la moitié de la Hongrie étaient déjà envahies, et c'est à peine si Varsovie et Bude étaient en deçà de la barbarie. L'ordre méditerranéen de Saint-Jean de Jérusalem avait été refoulé sous Charles-Quint de Rhodes à Malte. Gênes, dont la domination atteignait jadis le Tanaïs; Gênes, qui autrefois possédait Chypre, Lesbos, Chio, Péra et un morceau de la Thrace, et à laquelle l'empereur d'Orient avait donné Mitylène, avait successivement lâché pied devant les Turcs de position en position, et se voyait maintenant acculée à la Corse.

L'Europe résistait pourtant aux deux États envahisseurs. Elle bandait contre eux toutes ses forces, pour employer l'énergique langue de Sully et de Matthieu. La France, l'Angleterre et la Hollande se roidissaient contre l'Espagne; le saint-empire, aidé par la Pologne, la Hongrie, Venise, Rome et Malte, luttait contre les Turcs.

Le roi de Pologne était pauvre, quoiqu'il fût plus riche que s'il eût été roi d'un des trois royaumes d'Écosse, de Sardaigne ou de Navarre, lesquels ne rapportaient pas cent mille écus de rente; il avait six cents mille écus par an, et la Lithuanie le défrayait. Excepté quelques régiments suisses ou allemands, il n'entretenait pas d'infanterie; mais sa cavalerie, composée de cent mille combattants polonais et de soixante-dix mille lithuaniens, était excellente. Cette cavalerie, protégeant une vaste frontière, avait cela d'efficace pour défendre contre les hordes du sultan l'immense et tremblant troupeau des nations civilisées, qu'elle était organisée à la turque, et que, sauvage, farouche et violente dans son allure, elle ressemblait à la cavalerie ottomane comme le chien-loup ressemble au loup. L'empereur couvrait le reste de la frontière de Rhin, sur l'Adriatique, à Szolnock, près du Danube, avec vingt mille lansquenets, dépense insuffisante en temps de guerre, qui fatiguait l'empire en temps de paix. Venise et Malte couvraient la mer.

Nous ne mentionnons plus Gênes qu'en passant. Gênes, trop de fois humiliée, surveillait sa rivière avec quatre galères, en laissait pourrir vingt-cinq dans son arsenal, se risquait peu au dehors et s'abritait sous le roi d'Espagne.

Malte avait trois cuirasses : ses forteresses, ses navires et la valeur de ses chevaliers. Ces braves gentilshommes, soumis dans Malte à des règles somptuaires tellement sévères, que le plus qualifié d'entre eux ne pouvait se faire faire un habit neuf sans la permission du bailli drapier, se vengeaient de ces contraintes claustrales par un déchaînement de bravoure inouï, et, brebis dans l'île, devenaient lions sur mer. Une galère de Malte, qui ne portait jamais plus de seize canons et de cinq cents combattants, attaquait sans hésiter trois galions turcs.

Venise, opulente et hardie, appuyée sur sept villes fortes qui étaient à elle en Lombardie et dans la Marche, maîtresse du Frioul et de l'Istrie, maîtresse de l'Adriatique, dont la garde lui coûtait cinq mille ducats par an, bloquant les Uscoques avec cinq fustes toujours armées, fièrement installée à Corfou, à Zante, à Céphalonie, dans toutes les îles de la côte depuis Zara jusqu'à Cérigo, entretenant continuellement sur le pied de guerre vingt-cinq mille cernides, trente-cinq mille lansquenets, Suisses et Grisons, quinze cents lances, mille chevau-légers lombards et trois mille stradiots dalmates, Venise faisait résolûment obstacle au sultan. Même lorsqu'elle eut perdu Andro et

Paros, qu'elle avait dans l'Archipel, elle garda Candie ; et là, debout sur ce magnifique barrage naturel qui clôt la mer Égée, fermant aux Turcs la sortie de l'Archipel et l'entrée de la Méditerranée, elle tint en échec la barbarie.

Le service de mer à Venise impliquait noblesse. Tous les capitaines et les surcomites des navires étaient nobles vénitiens. La république avait toujours en mer quarante galères, dont vingt grosses. Elle avait dans son admirable arsenal, unique au monde, deux cents galères, des ouvriers capables de mettre hors du port trente vaisseaux en dix jours, et un armement suffisant pour toutes les marines de la terre.

Le saint-siége était d'un grand secours. Rien n'est plus curieux que de rechercher aujourd'hui quel prince temporel, quelle puissance politique et militaire il y avait alors dans le pape, si haut situé comme prince spirituel. Rome, qui avait eu jadis cinquante milles d'enceinte, n'en avait plus que seize ; ses portes, divisées autrefois en quatorze régions, étaient réduites à treize ; elle avait subi sept grands pillages historiques ; mais, quoique violée, elle était restée sainte ; quoique démantelée, elle était restée forte. *Rome*, s'il nous est permis de rappeler ce que nous avons dit ailleurs, *sera toujours Rome*. Le pape tenait une des marches d'Italie, Ancône, et l'un des quatre duchés lombards, Spolette; il avait Ancône, Comachio et les bouches du Pô sur le golfe de Venise, Civita-Vecchia sur la mer Tyrrhène. L'État de l'Église comprenait la campagne de Rome et le patrimoine de Saint-Pierre, la Sabine, l'Ombrie, c'est-à-dire toute l'ombre de l'Apennin, la marche d'Ancône, la Romagne, le duché de Ferrare, le pays de Pérouse, le Bolonais et un peu de Toscane; une ville du premier ordre, Rome; une du second, Bologne; huit du troisième, Ferrare, Pérouse, Ascoli, Ancône, Forli, Ravenne, Fermo et Viterbe; quarante-cinq places de tout rang, parmi lesquelles Rimini, Cesena, Faënza et Spolette; cinquante évêchés et un million et demi d'habitants. En outre, le saint-père possédait en France le comtat Venaissin, qui avait pour cœur le redoutable palais-forteresse d'Avignon. L'État romain, vu sur une carte, présentait la forme, qu'il a encore, d'une figure assise dans la grave posture des dieux d'Égypte, avec l'Abruzze pour chaise, Modène et la Lombardie sur sa tête, la Toscane sur sa poitrine, la terre de Labour sous ses pieds, adossée à l'Adriatique et ayant la Méditerranée jusqu'aux genoux. Le souverain pontife était riche. Il semait des indulgences et moissonnait des ducats. Il lui suffisait de donner une signature pour faire contribuer le monde. *Tant que j'aurai une plume,* disait Sixte-Quint, *j'aurai de l'argent.* Propos de pape ou de grand écrivain. En effet, Sixte-Quint, qui était un pape lettré, artiste et intelligent, n'hésitant devant aucune dépense royale, mit en cinq ans quatre millions d'or en réserve au château Saint-Ange. Avec les contributions de tous les fidèles de l'univers, le saint-père se donnait une bonne armée, vingt-cinq mille hommes dans la Marche et la Romagne, vingt-cinq mille hommes dans la Campagne et le Patrimoine; la moitié aux frontières, la moitié sous Rome. Au besoin il grossissait cet armement. Grégoire VII et Alexandre III tinrent tête à des princes qui disposaient des forces de l'empire, à son apogée dans leur temps, jointes aux troupes des Deux-Siciles. Un jour, le duc de Ferrare se permit d'aller faire du sel à Comachio. « *Le saint-père,* nous citons ici deux lignes d'une lettre de Mazarin, *avec ses raisons et une armée qu'il leva, amena le duc au repentir,* et lui prit son État. » Voilà ce que c'étaient que les soldats du pape. Cette milice faisait admirablement respecter l'État romain. Ajoutez à cela l'Ombrie, grande forteresse naturelle où Annibal s'est rebroussé, et pour côtes, au nord comme au midi, les rivages les plus battus des vents de toute l'Italie. Aucune descente possible. Le pape, sur les deux mers, était gardé et défendu par la tempête.

Posé et assuré de cette façon, il coopérait au grand et perpétuel combat contre les Turcs. Aujourd'hui le saint-père envoie des camées au pacha d'Égypte, et se promène sur le bateau à vapeur *Mahmoudièh*. — Fait inouï et qui montre brusquement, quand on y réfléchit, le prodigieux changement des choses : le pape assis paisiblement dans cette invention des huguenots baptisée d'un nom turc ! — Dans ce temps-là il remplissait vaillamment son office de pape et envoyait ses galères mitrées d'une tiare à Lépante. Dès que les croissants et les turbans surgissaient, il n'avait plus rien à lui, ni un soldat, ni un écu ; il contribuait à son tour. Ainsi, dans l'occasion, ce que les chrétiens avaient donné au pape, le pape le rendait à la chrétienté. Dans la ligue de 1542 contre les Ottomans, Paul III envoya à Charles-Quint douze mille fantassins et cinq cents chevaux.

A la fin du seizième siècle, en 1588, un orage avait sauvé l'Angleterre de l'Espagne ; à la fin du dix-septième, en 1683, Sobieski sauva l'Allemagne de la Turquie. Sauver l'Angleterre, c'était sauver l'Angleterre ; sauver l'Allemagne, c'était sauver l'Europe. On pourrait dire qu'en cette mémorable conjoncture, la Pologne fit l'office de la France. Jusqu'alors c'était toujours la France que la barbarie avait rencontrée, c'était toujours devant la France qu'elle s'était dissoute. En 496, venant du nord, elle s'était brisée à Clovis ; en 732, venant du midi, elle s'était brisée à Charles Martel.

Cependant ni l'invincible Armada vaincue par Dieu, ni Kara-Mustapha battu par Sobieski, ne rassuraient pleinement l'Europe. L'Espagne et la Turquie étaient toujours debout, et le dix-septième siècle croyait les voir grandir indéfiniment, de plus en plus redoutables et de plus en plus menaçantes, dans un terrible et prochain avenir. La politique, cette science conjecturale comme la médecine, n'avait alors pas d'autre prévision. A peine se tranquillisait-on un peu par moments en songeant que les deux colosses se rencontraient sur la mer Rouge et se heurtaient en Asie.

Ce choc dans l'Arabie Heureuse, si lointain et si indistinct, ne diminuait pas, aux yeux des penseurs, les fatales chances qui s'amoncelaient sur la civilisation. A l'époque dont nous venons d'esquisser le tableau, l'anxiété était au comble. Un écrit intitulé *les Forces du roi d'Espagne*, imprimé à Paris en 1627, avec privilége du roi et gravures d'Isac Jaspar, dit : « L'ambition de ce roy seroit de posséder toute chose. Ses flottes, qui rent et viennent, brident l'Angleterre et empeschent les nauires des autres Estats de courir à leur fantaisie. » Dans un autre écrit, publié vers la même époque et qui a pour titre : *Discours sommaire de l'Estat du Turc*, nous lisons : « Il (le Turc) donne avec beaucoup de sujet l'alarme à la chrestienté, vu qu'il a tant de moyens de faire une grosse armée en la levant sur les pays qu'il possède. Il faudroit manquer du tout de jugement pour estre sans appréhension d'un tel déluge. »

IV

Aujourd'hui, par la force mystérieuse des choses, la Turquie est tombée, l'Espagne est tombée.

A l'heure où nous parlons, les assignats [1], cette dernière vermine des vieilles sociétés pourries, dévorent l'empire turc.

Depuis longtemps déjà une autre nation a Gibraltar, comme le sauvage qui coud à son manteau l'ongle du lion mort.

Ainsi, en moins de deux cents ans, les deux colosses qui épouvantaient nos pères se sont évanouis.

[1] En Turquie ils s'appellent *schim*.

L'Europe est-elle délivrée? Non.

Comme au dix-septième siècle, un double péril la menace. Les hommes passent, mais l'homme reste; les empires tombent, les égoïsmes se reforment. Or, à l'instant où nous sommes, de mêm qu'il y a deux cents ans, deux immenses égoïsmes pressent l'Europe et la convoitent. L'esprit de guerre, de violence et de conquête est encore debout à l'orient; l'esprit de commerce, de ruse et d'aventure est encore debout à l'occident. Les deux géants se sont un peu déplacés et sont remontés vers le nord, comme pour saisir le continent de plus haut.

A la Turquie a succédé la Russie; à l'Espagne a succédé l'Angleterre.

Coupez par la pensée, sur le globe du monde, un segment qui, tournant autour du pôle, se développe du cap Nord européen au cap Nord asiatique, de Tornéa au Kamtchatka, de Varsovie au golfe d'Anadyr, de la mer Noire à la mer d'Okhotsk, et qui, au couchant, entamant la Suède, bordant la Baltique, dévorant la Pologne, au midi, échancrant la Turquie, absorbant le Caucase et la mer Caspienne, envahissant la Perse, suivant la longue chaîne qui commence aux monts Ourals et finit au cap Oriental, côtoie le Turkestan et la Chine, heurte le Japon par le cap Lopatka, et, parti du milieu de l'Europe, aille au détroit de Behring toucher l'Amérique à travers l'Asie; outre la Pologne, jetez pêle-mêle dans ce monstrueux segment la Crimée, la Géorgie, le Chirvan, l'Imirelee, l'Abascie, l'Arménie et la Sibérie; groupez alentour les îles de la Nouvelle-Zemble, Spitzberg, Vaigatz et Kalgouef, Aland, Dagho et Oesel, Clarke, Saint-Matthieu, Saint-Paul, Saint-Georges, les Aleutiennes, Kodiak, Sitka et l'archipel du Prince-de-Galles; dispersez dans cet espace immense soixante millions d'hommes, vous aurez la Russie.

La Russie a deux capitales : l'une coquette, élégante, encombrée des énormes colifichets du goût Pompadour qui s'y sont faits palais et cathédrales, pavée de marbre blanc, bâti d'hier, habitée par la cour, épousée par l'empereur; l'autre, chargée de coupoles de cuivre et de minarets d'étain, sombre, immémoriale et répudiée. La première, Saint-Pétersbourg, représente l'Europe; la seconde, Moscou, représente l'Asie. Comme l'aigle d'Allemagne, l'aigle de Russie a deux têtes.

La Russie peut mettre sur pied une armée de onze cent mille hommes.

Le débordement possible des Russes fait réparer la muraille de Chine et bâtir la muraille de Paris.

Ce qui était le grand knez de Moscovie est à présent l'empereur de Russie. Comparez les deux figures, et mesurez les pas que Dieu fait faire à l'homme.

Le knez s'est fait tzar, le tzar s'est fait czar, le czar s'est fait empereur. Ces transformations, disons-le, sont de véritables avatars. A chaque peau qu'il dépouille, le prince moscovite devient de plus en plus semblable à l'Europe, c'est-à-dire à la civilisation.

Pourtant, que l'Europe ne l'oublie pas, ressembler, ce n'est pas s'identifier.

L'Angleterre a l'Écosse et l'Irlande, les Hébrides et les Orcades; avec le groupe des îles Shetland, elle sépare le Danemark des îles Féroé et de l'Islande, ferme la mer du Nord et observe la Suède; avec Jersey et Guernesey elle ferme la Manche et observe la France. Puis elle part, elle tourne autour de la péninsule, pose son influence sur le Portugal et son talon sur Gibraltar, et entre dans la Méditerranée après en avoir pris la clef. Elle enjambe les Baléares, la Corse, la Sardaigne et la Sicile; là elle s'arrête, trouve Malte, et s'y installe entre la Sicile et Tunis, entre l'Italie et l'Afrique; de Malte, elle gagne Corfou, d'où elle surveille la Turquie en fermant la mer Adriatique; Sainte-Maure, Céphalonie et Zante, d'où elle surveille la Morée en dominant la mer Ionienne; Cérigo, d'où elle surveille Candie en bloquant l'Archipel. Ici il faut rebrousser chemin, l'Égypte barre le passage, l'isthme de Suez n'est pas encore coupé; elle revient sur ses pas, et rentre dans l'Océan. Elle a tourné l'Espagne, cette petite presqu'île; elle va tourner l'Afrique, cette presqu'île énorme. Le trajet est malaisé sur cette plage où un océan de sable se mêle au grand océan des flots. Comme un homme qui traverse un gué avec précaution de pierre en pierre, elle a des repos marqués pour tous les pas qu'elle fait. Elle met d'abord le pied à Saint-James, à l'embouchure de la Gambie, d'où elle épie le Sénégal français. Son second pas s'imprime sur la côte, à Cachéo, le troisième à Sierra-Leone, le quatrième au cap Corse. Puis elle se risque dans l'océan Atlantique, et réunit sous son pavillon l'Ascension, Sainte-Hélène et Fernando-Po, triangle d'îles qui entre profondément dans le golfe de Guinée. Ainsi appuyée, elle atteint le Cap et s'empare de la pointe d'Afrique comme elle s'est emparée à Gibraltar de la pointe d'Europe. Du Cap, elle remonte, au nord, de l'autre côté de la presqu'île africaine, aborde les Mascarenhas, l'île de France et Port-Louis, d'où elle tient en respect Madagascar, et s'établit aux îles Seychelles, d'où elle commande toute la côte orientale du cap Delgado au cap Gardafù. Ici il n'y a plus que la mer Rouge qui la sépare de la Méditerranée et de l'Archipel; elle a fait le tour de l'Afrique; elle est presque revenue au point d'où elle était partie. Voici la mer des Indes, voilà l'Asie.

L'Angleterre entre en Asie; des Seychelles aux

Laquedives il n'y a qu'un pas, elle prend les Laquedives; après quoi elle étend la main et saisit l'Hindoustan, tout l'Hindoustan, Calcutta, Madras et Bombay, ces trois provinces de la compagnie des Indes, grandes comme des empires, et sept royaumes, Népaul, Oude, Barode, Nagpour, Nizam, Maïssour et Travancore. Là elle touche à la Russie; le Turkestan chinois seul l'en sépare. Maîtresse du golfe d'Oman, que borde l'immense côte qu'elle possède de Haydérabad à Trivanderam, elle atteint la Perse et la Turquie par le golfe Persique, qu'elle peut fermer, et l'Égypte par la mer Rouge, qu'elle peut bloquer également. L'Hindoustan lui donne Ceylan. De Ceylan elle se glisse entre les îles Nicobar et les îles Andammans, prend terre sur la longue côte des monts Mogs dans l'Indo-Chine, et la voilà qui tient le golfe du Bengale. Tenir le golfe du Bengale, c'est faire la loi à l'empire des Birmans. Les monts Mogs lui ouvrent la presqu'île de Malacca; elle s'y étend et s'y consolide. De Malacca elle observe Sumatra, des îles Sincapour elle observe Bornéo. De cette façon, possédant le cap Romania et le cap Comorin, elle a les deux grandes pointes d'Asie comme elle a la pointe d'Europe, comme elle a la pointe d'Afrique.

A l'heure où nous sommes, elle attaque la Chine de vive force après avoir essayé de l'empoisonner, ou du moins de l'endormir.

Ce n'est pas tout; il reste deux mondes : la Nouvelle-Hollande et l'Amérique, elle les saisit. De Malacca, elle traverse le groupe inextricable des îles de la Sonde, cette conquête de la vieille navigation hollandaise, et s'empare de la Nouvelle-Hollande tout entière, terre vierge qu'elle féconde avec des forçats, et qu'elle garde jalousement, crénelée dans les îles Bathurst au nord et dans l'île de Diémen au sud, comme dans deux forteresses.

Puis elle suit un moment la route de Cook, laisse à sa gauche les six archipels de l'Océanie, louvoie devant la longue muraille des Cordillères et des Andes, double le cap Horn, remonte les côtes de la Patagonie et du Brésil et prend terre enfin sous l'équateur au sommet de l'Amérique méridionale, à Stabrock, où elle crée la Guyane anglaise. Un pas, et elle est maîtresse des îles du Vent, ce cromlech d'îles qui clôt la mer des Antilles; un autre pas, et elle est maîtresse des îles Lucayes, longue barricade qui forme le golfe du Mexique. Il y a vingt-quatre petites Antilles, elle en prend douze; il y a quatre grandes Antilles, Cuba, Saint-Domingue, la Jamaïque et Porto-Rico, elle se contente d'une, la Jamaïque, d'où elle gêne les trois autres. Ensuite, au milieu de l'isthme de Panama, à l'entrée du golfe d'Honduras, elle découpe en terre ferme un morceau du Yucatan, et y pose son établissement de Balize comme une vedette entre les deux Amériques. Là, pourtant, le Mexique la tient en échec, et, au delà du Mexique, les États-Unis, cette colonie dont la nationalité est un affront pour elle. Elle se rembarque, et des îles Lucayes, s'appuyant sur les Bermudes, où elle plante son pavillon, elle atteint Terre-Neuve, cette île qui, vue à vol d'oiseau, a la forme d'un chameau agenouillé sur l'Océan et levant sa tête vers le pôle. Terre-Neuve, c'est la station de son dernier effort. Il est gigantesque. Elle allonge le bras et s'approprie d'un coup tout le nord de l'Amérique de l'océan Atlantique au grand Océan, les îles de la Nouvelle-Écosse, le Canada et le Labrador, la baie d'Hudson et la mer de Baffin, le Nouveau-Norfolk, la Nouvelle-Calédonie et les archipels de Quadra et de Vancouver, les Iroquois, les Chipeouays, les Eskimaux, les Kristinaux, les Koliougis, et, au moment de saisir les Ougalacmioutis et les Kitègues, elle s'arrête tout à coup : la Russie est là. Où l'Angleterre est venue par mer, la Russie est venue par terre, car le détroit de Behring ne compte pas, et là, sous le cercle polaire, parmi les sauvages hideux et effarés, dans les glaces et les banquises, à la réverbération des neiges éternelles, à la lueur des aurores boréales, les deux colosses se rencontrent et se reconnaissent.

Récapitulons : l'Angleterre tient les six plus grands golfes du monde, qui sont les golfes de

Guinée, d'Oman, de Bengale, du Mexique, de Baffin et d'Hudson ; elle ouvre ou ferme à son gré neuf mers, la mer du Nord, la Manche, la Méditerranée, l'Adriatique, la mer Ionienne, la mer de l'Archipel, le golfe Persique, la mer Rouge, la mer des Antilles. Elle possède en Amérique un empire, la Nouvelle-Bretagne, en Asie un empire, l'Hindoustan, et dans le grand Océan un monde, la Nouvelle-Hollande.

En outre, elle a d'innombrables îles, qui sont, sur toutes les mers et devant tous les continents, comme des vaisseaux en station et à l'ancre, et avec lesquelles, île et navire elle-même, embossée devant l'Europe, elle communique, pour ainsi dire, sans solution de continuité, par ses innombrables vaisseaux, îles flottantes.

Le peuple d'Angleterre n'est pas pour lui-même un peuple souverain, mais il est pour d'autres nations un peuple suzerain. Il gouverne féodalement deux millions trois cent soixante-dix mille Écossais, huit millions deux cent quatre-vingt mille Irlandais, deux cent quarante-quatre mille Africains, soixante mille Australiens, un million six cent mille Américains et cent vingt-quatre millions d'Asiatiques ; c'est-à-dire que quatorze millions d'Anglais ossèdent sur la terre cent trente-sept millions d'hommes.

Tous les lieux que nous avons nommés dans les quelques pages qu'on vient de lire, sont les points d'attache de l'immense filet où l'Angleterre a pris le monde.

V

Voici ce qui a perdu la Turquie.

Premièrement, l'immensité du territoire, formé d'États juxtaposés et non cimentés. Le ciment des nations, c'est une pensée commune. Des peuples ne peuvent adhérer entre eux s'ils n'ont une même langue dont les mots circulent comme la monnaie de l'esprit de tous possédée tour à tour par chacun. Or, ce qui fait circuler la langue, ce qui imprime une effigie aux mots, ce qui crée la pensée commune, c'est, avant tout, l'art, la poésie, la littérature, *humaniores litterœ*. Point d'art ni de lettres en Turquie, donc point de langue circulant de peuple à peuple, point de pensée commune, point d'unité. Ici on parlait latin, là grec, ailleurs slave, plus loin arabe, persan ou hindou. Ce n'était pas un empire, c'était un bloc taillé par le sabre, un composé hybride de nations qui se touchaient, mais qui ne se pénétraient pas. Ajoutez à cela des déserts, faits tantôt par la conquête, tantôt par le climat, immenses solitudes que la séve sociale ne pouvait traverser.

Deuxièmement, le despotisme du prince. Le sultan était tout ensemble pontife et empereur, souverain temporel et souverain spirituel, chef politique, chef militaire et chef religieux. Ses sujets lui appartenaient, biens, corps et esprit, d'une façon absolue et terrible, comme sa chose et plus que sa chose. Il pouvait les condamner et les damner. Sultan, il avait leur vie; commandeur des croyants, il avait leur âme. Or, malheur à l'individu qui est en même temps ordinaire comme homme et extraordinaire comme prince! Trop de pouvoir est mauvais à l'homme. Être prêtre, être roi, être Dieu, c'est trop. Le bourdonnement confus de toutes les volontés éveillées qui demandent à être satisfaites à la fois assourdit le pauvre cerveau de celui qui peut tout, étourdit son intelligence, dérange la génération de sa pensée et le rend fou. On pourrait dire et démontrer, preuves en main, que la plupart des empereurs romains et des sultans ont été dans une situation cérébrale particulière. Sans doute il faut admettre, et l'histoire enregistre par intervalles l'admirable accident d'un despote illustre, intelligent et supérieur; mais en général et presque toujours le sultan est vulgaire. De là des désordres sans nombre; l'effroyable oscillation d'une volonté suprême qui heurte et brise tout au hasard dans l'État. Le despotisme, utile, expédient, inspirateur, parfois nécessaire pour les hommes de génie, effare et trouble l'homme médiocre. Le vin des forts est le poison des faibles.

Troisièmement, les révolutions de sérail, les conspirations de palais; le despote étranglant ses frères, les frères empoisonnant ou égorgeant le despote; la défiance du père au fils et du fils au père, le soupçon dans le foyer, la haine dans l'alcôve, des maladies inconnues, des fièvres suspectes, des morts obscures; l'éternel complot des grands, toujours placés entre une ascension sans terme et une chute sans fond; l'émeute et le bouillonnement des petits, toujours malheureux, toujours irrités; la terreur dans la famille impériale, le tremblement dans l'empire; faits graves, tristes et permanents qui découlent du despotisme.

Quatrièmement, un gouvernement mauvais, à la fois dur et mou, lequel sort en chancelant de ce despote qui ne pense jamais, et de ce palais qui tremble toujours; pouvoir sans cohésion superposé à un État sans unité. Les populations de cet empire à demi barbare sont dans l'ombre ; d'elles-mêmes et d'autrui, de leurs intérêts, de leur avenir, elles distinguent et savent peu de choses ; le gouvernement, qui devrait les guider et qui s'y hasarde en effet, ignore presque tout et méconnaît le reste. Or, pour les gouvernements comme pour les individus, méconnaître est pire qu'ignorer. Où ira cette nation forte, puissante, exubérante, redoutable, mais ignorante ? Qui la mène et où la mène-t-on ? Elle tâtonne et voit à peine devant elle ; son gouvernement y voit moins encore. Étrange spectacle ! un myope conduit par un aveugle.

Cinquièmement, la servitude posée comme un bât sur le peuple. Sous la domination turque, le laboureur ne s'appartenait pas ; il était à un propriétaire. Il y avait un premier bétail, le troupeau, et un deuxième bétail, le paysan. Ainsi la dépopulation partout, point de vraie culture, un sillon détesté du laboureur. La propriété et la liberté font aimer la terre à l'homme ; la servitude la lui fait haïr. Le cœur se serre en étudiant cet état ; qu'on l'examine en haut ou qu'on le regarde en bas, les deux extrémités se ressemblent par la misère intellectuelle. Que peut devenir la sociabilité humaine entre un prince que le despotisme hébète et un paysan que l'esclavage abrutit ?

Sixièmement, l'abus des colonies militaires. Les timariots étaient des colons soldats. C'est une erreur qu'avaient les Turcs de croire qu'on refait de la population de cette manière. Le procédé manque le but. Un village qui est un régiment n'est plus un village. Un régiment est toujours coupé carrément; un village doit choisir son lieu, et y germer naturellement, et y croître au soleil. Un village est un arbre, un régiment est une poutre. Pour faire le soldat, on tue le paysan. Or, pour la vie intérieure et profonde des empires, mieux vaut un paysan qu'un soldat.

Septièmement, l'oppression des pays conquis; une langue barbare imposée aux vaincus; une noble nation, illustre, historique, grande dans les souvenirs et les sympathies de l'Europe, jadis libre, jadis républicaine, décimée, extirpée, livrée au sabre et au fouet, écrasée dans l'homme, dans la femme et jusque dans l'enfant; déracinée de son propre sol, transplantée au loin, jetée au vent, foulée aux pieds. Ces voies de fait du peuple vainqueur sur le peuple vaincu sont accompagnées de cris d'horreur, et finissent par révolter toute la terre. Quand l'heure a enfin sonné, les peuples opprimés se lèvent, et le monde se lève de leur côté.

Huitièmement, la religion sans l'intelligence, la foi sans la réflexion, c'est-à-dire l'idolâtrie; un peuple dévot sans perception directe du beau, du juste et du vrai, qui n'a plus dans la tête que les deux yeux louches et faux de sa croyance : le fatalisme, à travers lequel il voit l'homme ; le fanatisme, à travers lequel il voit Dieu.

Ainsi un grand territoire mal lié, un gouvernement inintelligent, les conspirations de palais, l'abus des colonies militaires, la servitude du paysan l'oppression féroce des pays conquis, le despotisme dans le prince, le fanatisme dans le peuple, voilà ce qui a perdu la Turquie. Que la Russie y songe !

Voici ce qui a perdu l'Espagne.

Premièrement, la manière dont le sol était possédé. En Espagne, tout ce qui n'appartenait pas au roi appartenait à l'Église ou à l'aristocratie. Le clergé espagnol était, qu'on nous permette ce mot sévèrement évangélique, scandaleusement riche. L'archevêque de Tolède, du temps de Philippe III, avait deux cent mille ducats de rente, ce qui représente aujourd'hui environ cinq millions de francs. L'abbesse de las Buelgas de Burgos était dame de vingt-quatre villes et de cinquante villages, et avait la collation de douze commanderies. Le clergé, sans compter les dîmes et les prébendes, possédait un tiers du sol ; la grandesse possédait le reste. Les domaines des grands d'Espagne étaient presque de petits royaumes. Les rois de

France exilaient un duc et pair dans ses terres; les rois d'Espagne exilaient un grand dans ses États, *en sus Estados*. Les seigneurs espagnols étaient les plus grands propriétaires, les plus grands cultivateurs et les plus grands bergers du royaume. En 1611, le marquis de Gebraleon avait un troupeau de huit cent mille moutons. De là des provinces entières, la Vieille-Castille, par exemple, laissées en friche et abandonnées à la vaine pâture. Sans doute la petite propriété et la petite culture ont leurs inconvénients, mais elles ont d'admirables avantages. Elles lient le peuple au sol, individu par individu. Dans chaque sillon, pour ainsi dire, est scellé un anneau invisible qui attache le propriétaire à la société. L'homme aime la patrie à travers le champ. Qu'on possède un coin de terre ou la moitié d'une province, on possède, tout est dit; c'est là le grand fait. Or, quand l'Église et l'aristocratie possèdent tout, le peuple ne possède rien; quand le peuple ne possède rien, il ne tient à rien. A la première secousse, il laisse tomber l'État.

Deuxièmement, la profonde misère des classes inférieures. Quand tout est en haut, rien n'est en bas. Le champ était aux seigneurs, par conséquent le blé, par conséquent le pain. Ils vendaient le pain au peuple, et le lui vendaient cher. Faute affreuse, que font toujours toutes les aristocraties.

De là des famines factices. Du temps même de Charles-Quint, dans les hivers rigoureux, les pauvres mouraient de faim et de froid dans les rues de Madrid. Or, profonde misère, profonde rancune. La faim fait un trou dans le cœur du peuple et y met la haine. Au jour venu, toutes les poitrines s'ouvrent, et une révolution en sort.

En attendant que les révolutions éclatent, le vol s'organise. Les voleurs tenaient Madrid. Ailleurs ils forment une bande; à Madrid ils formaient une corporation. Tout voyageur prudent capitulait avec eux, les comptait d'avance dans les frais de sa route et leur faisait leur part. Nul ne sortait de chez soi sans emporter la bourse des voleurs. Pendant la minorité de Charles II, sous le ministère du second don Juan d'Autriche, le corrégidor de Madrid adressait requête à la régente pour la supplier d'éloigner de la ville le régiment d'Aytona, dont les soldats, la nuit venue, aidaient les bandits à détrousser les bourgeois.

Troisièmement, la manière dont étaient possédés et administrés les pays conquis et les domaines d'outre-mer. Il n'y avait pour tout le nouveau monde que deux gouverneurs, le vice-roi du Pérou et le vice-roi du Mexique; et ces deux gouverneurs étaient en général mauvais. Représentants de l'Espagne, ils la calomniaient par leurs exactions et la rendaient odieuse. Ils ne montraient à ces peuples lointains que deux faces, la cupidité et la cruauté, pillant le bien et opprimant l'homme. Ils détruisaient les princes naturels du pays et exterminaient les populations indigènes. Quant aux vice-royautés d'Europe, il y avait un proverbe italien. Le voici; il dit énergiquement ce que c'était que la domination espagnole : *L'officier de Sicile ronge, l'officier de Naples mange, l'officier de Milan dévore.*

Quatrièmement, l'intolérance religieuse. Nous reparlerons peut-être plus loin de l'inquisition. Disons seulement ici que les évêques avaient un poids immense en Espagne. Des classes entières de regnicoles, les hérétiques et les juifs, étaient hors la loi. Tout clergé pauvre est évangélique, tout clergé riche est mondain, sensuel, politique, et par conséquent intolérant. Sa position est convoitée, il a besoin de se défendre, il lui faut une arme, l'intolérance en est une. Avec cette arme il blesse la raison humaine et tue la loi divine.

Cinquièmement, l'énormité de la dette publique. Si riche que fût l'Espagne, ses charges l'obéraient. Les gaspillages de la cour, les gros gages des dignitaires, les bénéfices ecclésiastiques, l'ulcère sans cesse agrandi de la misère populaire, la guerre des Pays-Bas, les guerres d'Amérique et d'Asie, la cherté de la politique secrète, l'entretien des supports cachés qu'on avait partout, le travail souterrain de l'intrigue universelle, qu'il fallait payer et soutenir dans le monde entier, ces mille causes épuisaient l'Espagne. Les coffres étaient toujours vides. On attendait le galion, et, comme écrivait le maréchal de Tessé, *si quelque tempête le fait périr ou si quelque ennemi l'emporte, toute chose est au désespoir*. Sous Philippe III, le marquis de Spinola était obligé de payer de ses deniers l'armée des Pays-Bas. Il y a deux siècles, l'Europe, sous le rapport financier, ressemblait à une famille mal administrée; les monarchies étaient l'enfant prodigue, les républiques étaient l'usurier. C'est l'éternelle histoire du gentilhomme empruntant au marchand. Nous avons vu que la Suisse vendait des armées; la Hollande, Venise et Gênes vendaient de l'argent. Ainsi un prince achetait aux treize cantons une armée toute faite, les cantons livraient l'armée à jour fixe. Venise la payait; puis, quand il fallait rembourser Venise, le prince donnait une province; quelquefois tout son État y passait. L'Espagne empruntait de tout côté et devait partout. En 1600, le roi catholique devait, à Gênes seulement, seize millions d'or.

Sixièmement, une nation voisine, une nation sœur, pour ainsi parler, ayant longtemps vécu à part, ayant eu ses princes et ses seigneurs particuliers, envahie un beau matin par surprise, presque par trahison, réunie violemment à la monarchie centrale, de royaume faite province et traitée en pays conquis.

Septièmement, la nature de l'armement en Espagne. L'armement de terre était peu de chose, comparé à l'armement de mer. La puissance espagnole reposait principalement sur la flotte. C'était dépendre d'un coup de vent. L'aventure de l'Armada, c'est l'histoire de l'Espagne. Un coup de vent, qu'on appelle trombe, comme en Europe, ou typhon, comme en Chine, est de tous les temps. Malheur à la puissance sur laquelle le vent souffle !

Huitièmement, l'éparpillement du territoire. Les vastes possessions de l'Espagne, disséminées sur toutes les mers et dans tous les coins de la terre, n'avaient aucune adhérence avec elle. Quelques-unes, les Indes, par exemple, étaient à quatre mille lieues d'elle, et, comme nous l'avons dit, ne se liaient à la métropole que par le sillage de ses vaisseaux. Or, qu'est-ce que le sillage d'un vaisseau ! Un fil. Et combien de temps croit-on que puisse tenir un monde attaché par un fil ?

L'an passé nous trouvâmes dans je ne sais plus quelle poussière un vieux livre que personne ne lit aujourd'hui et que personne n'a lu peut-être quand il a paru. C'est un in-quarto intitulé *Discours de la monarchie d'Espagne*, publié sans nom d'auteur, en 1617, à Paris, chez Pierre Chevalier, rue Saint-Jacques, à l'enseigne de Saint-Pierre, près les Mathurins. Nous ouvrîmes ce livre au hasard, et nous tombâmes, page 152, sur le passage que nous transcrivons textuellement : « Quelques-uns tiennent que cette monarchie ne peut estre de longue durée à cause que ses terres sont tellement séparées et esparses, et qu'il faut des despenses incroyables pour enuoyer partout et des vaisseaux et des hommes, et mesme que ceux qui sont natifs des païs esloignés peuvent enfin entrer en considération du petit nombre des Espagnols, prendre courage, et se liguer contre eux, et les chasser. » C'est en 1617, à l'époque où l'Europe tremblait devant l'Espagne, à l'apogée de la monarchie castillane, qu'un inconnu osait écrire et imprimer cette folle prophétie. Cette folle prophétie, c'était l'avenir. Deux cents ans plus tard, elle s'accomplissait dans tous ses détails, et aujourd'hui chaque mot de l'anonyme de 1617 est devenu un fait : les *terres éparses* ont amené les *dépenses incroyables*, la métropole s'est épuisée *en hommes et en vaisseaux*, *les natifs des pays éloignés* sont *entrés en considération du petit nombre des Espagnols*, ont *pris courage*, se sont *ligués contre eux*, et les ont *chassés*. On pourrait dire que le messie Bolivar est ici prédit tout entier. — Il y a deux siècles, toute l'Amérique était un groupe de colonies; aujourd'hui, réaction frappante, toute l'Amérique, au Brésil près, est un groupe de républiques.

Ainsi une riche aristocratie possédant le sol et vendant le pain au peuple; un clergé opulent, prépondérant et fanatique, mettant hors la loi des classes entières de regnicoles; l'intolérance épiscopale; la misère du peuple; l'énormité de la dette; la mauvaise administration des vice-rois lointains; une nation sœur traitée en pays conquis; la fragilité d'une puissance toute maritime assise sur la vague de l'Océan; la dissémination du territoire sur tous les points du globe; le défaut d'adhérence des possessions avec la métropole; la tendance des colonies à devenir nations : voilà ce qui a perdu l'Espagne. Que l'Angleterre y songe.

Enfin, pour résumer ce qui est commun à l'empire ottoman et à la monarchie espagnole, l'égoïsme, un égoïsme implacable et profond, — chose étrange, de l'égoïsme et point d'unité! — Une politique immorale, violente ici, fourbe là, trahissant les alliances pour servir les intérêts; être, l'un, l'esprit militaire sans les qualités chevaleresques qui font du soldat l'appui de la sociabilité; être, l'autre, l'esprit mercantile sans l'intelligente probité qui fait du marchand le lien des États; représenter, comme nous l'avons dit, le premier, la barbarie; le second, la corruption; en un mot, être, l'un, la guerre, l'autre, le commerce, n'être ni l'un ni l'autre la civilisation : voilà ce qui a fait choir les deux colosses d'autrefois. Avis aux deux colosses d'aujourd'hui.

VI

Avant d'aller plus loin, nous sentons le besoin de déclarer que ceci n'est qu'une froide et grave étude de l'histoire. Celui qui écrit ces lignes comprend les haines de peuple à peuple, les antipathies de races, les aveuglements des nationalités, il les excuse, mais il ne les partage pas. Rien dans ce qu'on vient de lire, rien dans ce qu'on va lire encore, ne contient une réprobation qui puisse retomber sur les peuples mêmes dont l'auteur parle. L'auteur blâme quelquefois les gouvernements, jamais les nations. En général, les nations sont ce qu'elles doivent être; la racine du bien est en elles, Dieu la développe et lui fait porter fruit. Les quatre peuples mêmes dont on trace ici la peinture rendront à la civilisation de notables services le jour où ils accepteront comme leur but spécial le but commun de l'humanité. L'Espagne est illustre, l'Angleterre est grande; la Russie et la Turquie elle-même renferment plusieurs des meilleurs germes de l'avenir.

Nous croyons encore devoir le déclarer dans la profonde indépendance de notre esprit, nous n'étendons pas jusqu'aux princes ce que nous disons des gouvernements. Rien n'est plus facile aujourd'hui que d'insulter les rois. L'insulte aux rois est une flatterie adressée ailleurs. Or, flatter qui que ce soit de cette façon, en haut ou en bas, c'est une idée que celui qui parle ici n'a pas besoin d'éloigner de lui; il se sent libre, et il est libre, parce qu'il se reconnaît la force de louer dans l'occasion quiconque lui semble louable, fût-ce un roi. Il le dit hautement et en pleine conviction, jamais, et ceci prouve l'excellence de notre siècle, jamais, en aucun temps, quelle que soit l'époque de l'histoire qu'on veuille confronter avec la nôtre, les princes et les peuples n'ont valu ce qu'ils valent maintenant.

Qu'on ne cherche donc dans l'examen historique auquel il se livre ici aucune explication blessante ni pour l'honneur des royautés ni pour la dignité des nations; il n'y en a pas. C'est avant tout un travail philosophique et spéculatif. Ce sont des faits généraux, rien de plus; ce sont des idées générales, rien de plus. L'auteur n'a aucun fiel dans l'âme. Il attend candidement l'avenir serein de l'humanité. Il a espoir dans les princes; il a foi dans les peuples.

VII

Cela dit une fois pour toutes, continuons l'examen des ressemblances entre les deux empires qui ont alarmé le passé et les deux empires qui inquiètent le présent.

Première ressemblance. Il y a du Tartare dans le Turc, il y en a aussi dans le Russe. Le génie des peuples garde toujours quelque chose de sa source.

Les Turcs, fils des Tartares, sont des hommes du Nord, descendus à travers l'Asie, qui sont entrés en Europe par le Midi.

Napoléon à Sainte-Hélène a dit : *Grattez le Russe,*

vous trouverez le Tartare. Ce qu'il a dit du Russe, on peut le dire du Turc.

L'homme du Nord proprement dit est toujours le même. A de certaines époques climatériques et fatales, il descend du pôle et se fait voir aux nations méridionales, puis il s'en va, et il revient deux mille ans après, et l'histoire le retouve tel qu'elle l'avait laissé.

Voici une peinture historique que nous avons sous les yeux en ce moment : « C'est là vraiment l'homme barbare. Ses membres trapus, son cou épais et court, je ne sais quoi de hideux qu'il a dans tout le corps, le font ressembler à un monstre à deux pieds ou à ces balustres taillés grossièrement en figures humaines qui soutiennent les rampes des escaliers. Il est tout à fait sauvage. Il se passe de feu quand il le faut, même pour préparer sa nourriture. Il mange des racines et des viandes cuites ou plutôt pourries sous la selle de son cheval. Il n'entre sous un toit que lorsqu'il ne peut faire autrement. Il a horreur des maisons, comme si c'étaient des tombeaux. Il va par vaux et par monts, il court devant lui, il sait depuis l'enfance supporter la faim, la soif et le froid. Il porte un gros bonnet de poil sur la tête, un jupon de laine sur le ventre, deux peaux de bouc sur les cuisses, sur le dos un manteau de peaux de rat cousues ensemble. Il ne saurait combattre à pied. Ses jambes, alourdies par de grandes bottes, ne peuvent marcher et le clouent à sa selle, de sorte qu'il ne fait qu'un avec son cheval, lequel est agile et vigoureux, mais petit et laid. Il vit à cheval, il traite à cheval, il achète et vend à cheval, il boit et mange à cheval, il dort et rêve à cheval.

» Il ne laboure point la terre, il ne cultive pas les champs, il ne sait ce que c'est qu'une charrue. Il erre toujours, comme s'il cherchait une patrie et un foyer. Si vous lui demandez d'où il est, il ne saura que répondre. Il est ici aujourd'hui, mais hier il était là; il a été élevé là-bas, mais il est né plus loin.

» Quand la bataille commence, il pousse un hurlement terrible, arrive, frappe, disparaît et revient comme l'éclair. En un instant il emporte et pille le camp assailli. Il combat de près avec le sabre, et de loin avec une longue lance dont la pointe est artistement emmanchée. »

Ceci est l'homme du Nord. Par qui a-t-il été esquissé, à quelle époque et d'après qui? Sans doute en 1814, par quelque rédacteur effrayé du *Moniteur*, d'après le Cosaque, dans le temps où la France pliait? Non, ce tableau a été fait d'après le Hun, en 375, par Ammien Marcellin et Jordanis[1], dans le temps où Rome tombait. Quinze cents ans se sont

---

[1] Voyez Jordanis, XXIV ; Ammien Marcellin, XII.

écoulés, la figure a reparu, le portrait ressemble encore.

Notons en passant que les Huns de 375, comme les Cosaques de 1814, venaient des frontières de la Chine.

L'homme du Midi change, se transforme et se développe, fleurit et fructifie, meurt et renaît comme la végétation; l'homme du Nord est éternel comme la neige.

Deuxième ressemblance. En Russie comme en Turquie rien n'est définitivement acquis à personne, rien n'est tout à fait possédé, rien n'est nécessairement héréditaire. Le Russe comme le Turc peut, d'après la volonté ou le caprice d'en haut, perdre son emploi, son grade, son rang, sa liberté, son bien, sa noblesse, jusqu'à son nom. Tout est au monarque, comme, dans de certaines théories plus folles encore que dangereuses, qu'on essayera vainement à l'esprit français, tout serait à la communauté. Il importe de remarquer, et nous livrons ce fait à la méditation des démocrates absolus, que le propre du despotisme, c'est de niveler. Le despotisme fait l'égalité sous lui. Plus le despotisme est complet, plus l'égalité est complète. En Russie comme en Turquie, la rébellion exceptée, qui n'est pas un fait normal, il n'y a pas d'existence décidément et virtuellement résistante. Un prince russe se brise comme un pacha; le prince comme le pacha peut devenir simple soldat et n'être plus dans l'armée qu'un zéro dont le caporal est le chiffre. Un prince russe se crée comme un pacha. Un porte-balle devient Méhémet-Ali; un garçon pâtissier devient Menzikoff. Cette égalité, que nous constatons ici sans la juger, monte même jusqu'au trône, et, toujours en Turquie, parfois en Russie, s'accouple à lui. Une esclave est sultane; une servante a été czarine.

Le despotisme, comme la démagogie, hait les supériorités naturelles et les supériorités sociales. Dans la guerre qu'il leur fait, il ne recule pas plus qu'elle devant les attentats qui décapitent la société même. Il n'y a pas pour lui d'hommes de génie; Thomas Morus ne pèse pas plus dans la balance de Henri Tudor que Bailly dans la balance de Marat. Il n'y a pas pour lui de têtes couronnées; Marie Stuart ne pèse pas plus dans la balance d'Élisabeth que Louis XVI dans la balance de Robespierre.

La première chose qui frappe quand on compare la Russie à la Turquie, c'est une ressemblance; la première chose qui frappe quand on compare l'Angleterre à l'Espagne, c'est une dissemblance. En Espagne, la royauté est absolue; en Angleterre, elle est limitée.

En y réfléchissant, on arrive à ce résultat singulier : cette dissemblance engendre une ressemblance. L'excès du monarchisme produit, quant à l'autorité royale, et à ne les considérer que sous ce point de vue spécial, le même résultat que l'excès du constitutionnalisme. Dans l'un et l'autre cas le roi est annulé.

Le roi d'Angleterre, servi à genoux, est un roi nominal; le roi d'Espagne, servi de même à genoux, est aussi un roi nominal. Tous deux sont impeccables.. Chose remarquable, l'axiome fondamental de la monarchie la plus absolue est également l'axiome fondamental de la monarchie la plus constitutionnelle. *El rey no cae*, le roi ne tombe pas, dit la vieille loi espagnole; *the king can do no wrong*, le roi ne peut faillir, dit la vieille loi anglaise. Quoi de plus frappant, quand on creuse l'histoire, que de trouver, sous les faits en apparence les plus divers, le monarchisme pur et le constitutionnalisme rigoureux assis sur la même base et sortant de la même racine?

Le roi d'Espagne pouvait être, sans inconvénient, de même que le roi d'Angleterre, un enfant, un mineur, un ignorant, un idiot. Le parlement gouvernait pour l'un; le *despacho universal* gouvernait pour l'autre. Le jour où la nouvelle de la prise de Mons parvint à Madrid, Philippe IV se réjouit très-fort en plaignant tout haut *ce pauvre roi de France, ese pobrecito rey de Francia*. Personne n'osa lui dire que c'était à lui, roi d'Espagne, que Mons appartenait. Spinola, investissant Breda, que les Hollandais défendaient admirablement, écrivit dans une longue lettre à Philippe III le détail des innombrables impossibilités du siége; Philippe III lui renvoya sa lettre après avoir seulement écrit en marge de sa main : *Marquis, prends Breda*. Pour écrire un pareil mot, il n'y a que la stupidité ou le génie, il faut tout ignorer ou tout vouloir, être Philippe III ou Bonaparte. Voilà à quelle nullité pouvait tomber le roi d'Espagne, isolé qu'il était de toute pensée et de toute action par la forme même de son autorité. La grande charte isole le roi d'Angleterre à peu près de la même façon. L'Espagne a lutté contre Louis XIV avec un roi imbécile; l'Angleterre a lutté contre Napoléon avec un roi fou.

Ceci ne prouve-t-il point que dans les deux cas le roi est purement nominal? — Est-ce un bien? est-ce un mal? C'est là encore un fait que nous constatons sans le juger.

Rien n'est moins libre qu'un roi d'Angleterre, si ce n'est un roi d'Espagne. A tous les deux on dit : *Vous pouvez tout, à la condition de ne rien vouloir*. Le parlement lie le premier, l'étiquette lie le second; et, ce sont là les ironies de l'histoire, ces deux entraves si différentes produisent dans de certains cas les mêmes effets. Quelquefois le parlement se révolte et tue le roi d'Angleterre; quelquefois l'étiquette se révolte et tue le roi d'Espagne. Parallélisme bizarre, mais incontestable, dans lequel l'échafaud de Charles Ier a pour pendant le brasier de Philippe III.

Un des résultats les plus considérables de cette annulation de l'autorité royale par des causes pourtant presque opposées, c'est que la loi salique devient inutile. En Espagne comme en Angleterre, les femmes peuvent régner.

Entre les deux peuples il existe encore plus d'un rapport qu'enseigne une comparaison attentive. En Angleterre comme en Espagne, le fond du caractère national est fait d'orgueil et de patience. C'est là, à tout prendre, et sauf les restrictions que nous indiquerons ailleurs, un admirable tempérament et qui pousse les peuples aux grandes choses. L'orgueil est vertu pour une nation; la patience est vertu pour l'individu.

Avec l'orgueil on domine; avec la patience on colonise. Or, que trouvez-vous au fond de l'histoire d'Espagne comme au fond de l'histoire de la Grande-Bretagne? Dominer et coloniser.

Tout à l'heure nous tracions, l'œil fixé sur l'histoire, le tableau de l'infanterie castillane. Qu'on le relise. C'est aussi le portrait de l'infanterie anglaise.

Tout à l'heure nous indiquions quelques traits du clergé espagnol. En Angleterre aussi il y a un archevêque de Tolède; il s'appelle l'archevêque de Cantorbéry.

Si l'on descend jusqu'aux moindres particularités,

on voit que, pour ces petits détails impérieux de vie intérieure et matérielle qui sont comme la seconde nature des populations, les deux peuples, chose singulière, sont de la même façon tributaires de l'Océan. Le thé est pour l'Angleterre ce qu'était pour l'Espagne le cacao : l'habitude de la nation; et, par conséquent, selon la conjoncture, une occasion d'alliance ou un cas de guerre.

Passons à un autre ordre d'idées.

Il y a eu et il y a encore chez certains peuples un dogme affreux, contraire au sentiment intérieur de la conscience humaine, contraire à la raison publique qui fait la vie même des États. C'est cette fatale aberration religieuse, érigée en loi dans quelques pays, qui établit en principe et qui croit qu'en brûlant le corps, on sauve l'âme, que les tortures de ce monde préservent une créature humaine des tortures de l'autre, que le ciel s'achète par la souffrance physique, et que Dieu n'est qu'un grand bourreau souriant, du haut de l'éternité de son enfer, à tous les hideux petits supplices que l'homme peut inventer. Si jamais dogme fut contraire au développement de la sociabilité humaine, c'est celui-là. C'est lui qui s'attelle à l'horrible chariot de Jaghernaut; c'est lui qui présidait il y a un siècle aux exterminations annuelles de Dahomet. Quiconque sent et raisonne le repousse avec horreur. Les religions de l'Orient l'ont vainement transmis aux religions de l'Occident. Aucune philosophie ne l'a adopté. Depuis trois mille ans, sans attirer un seul penseur, la pâle clarté de ces doctrines sépulcrales rougit vaguement le bas du porche monstrueux des théogonies de l'Inde, sombre et gigantesque édifice qui se perd, à demi entrevu par l'humanité terrifiée, dans les ténèbres sans fond du mystère infini.

Cette doctrine a allumé en Europe au seizième siècle les bûchers des juifs et des hérétiques; l'inquisition les dressait, l'Espagne les attisait. Cette doctrine allume encore de nos jours en Asie le bûcher des veuves; l'Angleterre ne le dresse ni ne l'attise, mais elle le regarde brûler.

Nous ne voulons pas tirer de ces rapprochements plus qu'ils ne contiennent. Il nous est impossible pourtant de ne pas remarquer qu'un peuple qui serait pleinement dans la voie de la civilisation ne pourrait tolérer, même par politique, ces lugubres, atroces et infâmes sottises. La France, au seizième siècle, a rejeté l'inquisition. Au dix-neuvième, si l'Inde était colonie française, la France eût depuis longtemps éteint le suttee.

Puisque en notant çà et là les points de contact inaperçus, mais réels, de l'Espagne et de l'Angleterre, nous avons parlé de la France, observons qu'on en retrouve jusque dans les événements en apparence purement accidentels. L'Espagne avait eu la captivité de François Ier; l'Angleterre a partagé cette gloire ou cette honte. Elle a eu la captivité de Napoléon.

Il est des choses caractéristiques et mémorables qui reviennent et se répètent, pour l'enseignement des esprits attentifs, dans les échos profonds de l'histoire. Le mot de Waterloo : *La garde meurt et ne se rend pas*, n'est que l'héroïque traduction du mot de Pavie : *Tout est perdu, fors l'honneur*. Enfin, outre les rapprochements directs, l'histoire révèle, entre les quatre peuples qui font le sujet de ce paragraphe, je ne sais quels rapports étranges, et, pour ainsi parler, diagonaux, qui semblent les lier mystérieusement et qui indiquent au penseur une similitude secrète de conformation et, par conséquent peut-être, de destination. Enregistrons-en ici deux seulement. Le premier va de l'Angleterre à la Turquie : Henri VIII tuait ses femmes, comme Mahomet II. Le deuxième va de la Russie à l'Espagne : Pierre Ier a tué son fils, comme Philippe II.

VIII

La Russie a dévoré la Turquie.

L'Angleterre a dévoré l'Espagne.

C'est, à notre sens, une dernière et définitive assimilation. Un État n'en dévore un autre qu'à la condition de le reproduire.

Il suffit de jeter les yeux sur deux cartes d'Europe dressées à cinquante ans d'intervalle, pour voir de quelle façon irrésistible, lente et fatale, la frontière moscovite envahit l'empire ottoman. C'est le sombre et formidable spectacle d'une immense marée qui monte. A chaque instant et de toutes parts le flot gagne, la plage disparaît. Le flot, c'est la Russie;

la plage, c'est la Turquie. Quelquefois la lame recule, mais elle surgit de nouveau le moment d'après, et, cette fois, elle va plus loin. Une grande partie de la Turquie est déjà couverte, et on la distingue encore vaguement sous le débordement russe. Le 20 août 1828, une vague est allée jusqu'à Andrinople. Elle s'est retirée; mais, lorsqu'elle reviendra, elle atteindra Constantinople.

Quant à l'Espagne, les dislocations de l'empire romain et de l'empire carlovingien peuvent seules donner une idée de ce démembrement prodigieux. Sans compter le Milanez, que l'Autriche a pris, sans compter le Roussillon, la Franche-Comté, les Ardennes, le Cambrésis et l'Artois, qui ont fait retour à la France, des morceaux de l'antique monarchie espagnole il s'est formé en Europe, et encore laissons-nous en dehors le royaume d'Espagne proprement dit, quatre royaumes : le Portugal, la Sardaigne, les Deux-Siciles, la Belgique; en Asie, une vice-royauté, l'Inde, égale à un empire; et, en Amérique, neuf républiques : le Mexique, le Guatemala, la Colombie, le Pérou, Bolivia, le Paraguay, l'Uruguay, la Plata et le Chili. Soit par influence, soit par souveraineté directe, la Grande-Bretagne possède aujourd'hui la plus grande part de cet énorme héritage. Elle a à peu près toutes les îles qu'avait l'Espagne, et qui, presque littéralement, étaient innombrables. Comme nous le disions en commençant, elle a dévoré l'Espagne, de même que l'Espagne avait dévoré le Portugal. Aujourd'hui, en parcourant du regard les domaines britanniques, on ne voit que noms portugais et castillans, Gibraltar, Sierra-Leone, la Ascension, Fernando-Pô, las Mascarenhas, el cabo Delgado, el cabo Guardafù, Honduras, las Lucayas, las Bermudas, la Barbada, la Trinidad, Tabago, Santa-Margarita, la Granada, San-Cristoforo, Antigoa. Partout l'Espagne est visible, partout l'Espagne reparaît. Même sous la pression de l'Angleterre, les fragments de l'empire de Charles-Quint n'ont pas encore perdu leur forme; et, qu'on nous passe cette comparaison qui rend notre pensée, on reconnaît toute la monarchie espagnole dans les possessions de la Grande-Bretagne, comme on retrouve un jaguar à demi digéré dans le ventre d'un boa.

IX

Ainsi que nous l'avons indiqué sommairement dans le paragraphe V, les deux grands empires du dix-septième siècle portaient dans leur constitution même les causes de leur décadence. Mais ils vivaient momentanément d'une vie fébrile si formidable, qu'avant de mourir ils eussent pu étouffer la civilisation. Il fallait qu'un fait extérieur considérable donnât aux causes de chute qui était en eux le temps de se développer. Ce fait, que nous avons également signalé, c'est la résistance de l'Europe.

Au dix-septième siècle, l'Europe, gardienne de la civilisation, menacée au levant et au couchant, a résisté à la Turquie et à l'Espagne. Au dix-neuvième, l'Europe, replacée par les combinaisons souveraines de la Providence identiquement dans la même situation, doit résister à la Russie et à l'Angleterre.

Maintenant, comment résistera-t-elle? que reste-t-il, à ne l'envisager que sous ce point de vue spécial, de la vieille Europe qui a lutté, et où sont les points d'appui de l'Europe nouvelle?

La vieille Europe, cette citadelle que nous avons tâché de reconstruire par la pensée dans les pages où nous avons placé notre point de départ, est aujourd'hui à moitié démolie et trouée de toutes parts de brèches profondes.

Presque tous les petits États, duchés, républiques ou villes libres, qui contribuaient à la défense générale, sont tombés.

La Hollande, trop de fois remaniée, s'est amoindrie.

La Hongrie, devenue le pays de Galles, les Asturies ou le Dauphiné de l'Autriche, s'est effacée.

La Pologne a disparu.

Venise a disparu.

Gênes a disparu.

Malte a disparu.

Le pape n'est plus que nominal. La foi catholique a perdu du terrain; perdre du terrain, c'est perdre des contribuables. Rome est appauvrie. Or, ses États ne suffiraient pas pour lui donner une armée; elle n'a point d'argent pour en acheter une, et d'ailleurs nous ne sommes plus dans le siècle où l'on en vend. Comme prince temporel, le pape a disparu.

Que reste-t-il donc de tout ce vieux monde? Qui est-ce qui est encore debout en Europe? Deux nations seulement : la France et l'Allemagne.

Eh bien, cela pourrait suffire. La France et l'Allemagne sont essentiellement l'Europe. L'Allemagne est le cœur; la France est la tête.

L'Allemagne et la France sont essentiellement la civilisation. L'Allemagne sent; la France pense.

Le sentiment et la pensée, c'est tout l'homme civilisé.

Il y a entre les deux peuples connexion intime, consanguinéité incontestable. Ils sortent des mêmes sources; ils ont lutté ensemble contre les Romains; ils sont frères dans le passé, frères dans le présent, frères dans l'avenir.

Leur mode de formation a été le même. Ils ne sont pas des insulaires, ils ne sont pas des conquérants; ils sont les vrais fils du sol européen.

Le caractère sacré et profond de fils du sol leur est tellement inhérent et se développe en eux si puissamment, qu'il a rendu longtemps impossible, même malgré l'effort des années et la prescription de l'antiquité, leur mélange avec tout peuple envahisseur, quel qu'il fût et de quelque part qu'il vînt. Sans compter les juifs, nation émigrante et non conquérante, qui est d'ailleurs dans l'exception partout, on peut citer, par exemple, des races slaves qui habitent le sol allemand depuis dix siècles, et qui n'étaient pas encore allemandes il y a cent cinquante ans. Rien de plus frappant à ce sujet que ce que raconte Tollius. En 1687, il était à la cour de Brandebourg; l'électeur lui dit un jour : « J'ai des Vandales dans mes États. Ils habitent les côtes de la mer Baltique. Ils parlent esclavon, à cause de l'Esclavonie, d'où ils sont venus jadis. Ce sont des gens fourbes, infidèles, aimant le changement, séditieux; ils ont nombre de bourgs de cinq et six cents pères de famille; ils ont en secret un roi de leur nation, lequel porte sceptre et couronne, et à qui ils payent chaque année un sesterce par tête. J'ai aperçu une fois ce roi, qui était un jeune homme bien dispos de corps et d'esprit; comme je le considérais attentivement, un vieillard s'en aperçut, entrevit ma pensée, et, pour m'en détourner, il tomba à coups de bâton sur ce roi, qui était son roi, et le chassa comme un esclave. Ils ont l'esprit léger, et reculent, quand on les approche, dans des bois et des marais inaccessibles; c'est ce qui m'a empêché d'ouvrir chez eux des écoles; mais j'ai fait traduire dans leur langue la Bible, les Psaumes et le Catéchisme. Ils ont des armes, mais secrètement. Une fois, ayant avec moi huit cents grenadiers, je me trouvai tout à coup environné de quatre ou cinq mille Vandales; mes huit cents grenadiers eurent grand'peine à les dissiper. » Après un moment de silence, l'électeur, voyant Tollius rêveur, ajouta cette parole remarquable : *Tollius, vous êtes alchimiste. Il est possible que vous fassiez de l'or avec du cuivre; je vous défie de faire un Prussien avec un Vandale.*

La fusion était difficile en effet; pourtant, ce qu'aucun alchimiste n'eût pu faire, la nationalité allemande, aidée par la grande clarté du dix-neuvième siècle, finira par l'accomplir.

A l'heure qu'il est, les mêmes phénomènes constituants se manifestent en Allemagne et en France. Ce que l'établissement des départements a fait pour la France, l'union des douanes le fait pour l'Allemagne; elle lui donne l'unité.

Il faut, pour que l'univers soit en équilibre, qu'il y ait en Europe, comme la double clef de voûte du continent, deux grands États du Rhin, tous deux fécondés et étroitement unis par ce fleuve régénérateur : l'un septentrional et oriental, l'Allemagne, s'appuyant à la Baltique, à l'Adriatique et à la mer Noire avec la Suède, le Danemark, la Grèce et les principautés du Danube pour arcs-boutants; l'autre, méridional et occidental, la France, s'appuyant à la Méditerranée et à l'Océan, avec l'Italie et l'Espagne pour contre-forts.

Depuis mille ans, la même question s'est déjà présentée plusieurs fois en d'autres termes, et ce plan a déjà été essayé par trois grands princes.

D'abord, par Charlemagne. Au huitième siècle, ce n'étaient pas les Turcs et les Espagnols, ce n'étaient pas les Anglais et les Russes, c'étaient les Saxons et les Normands. Charlemagne construisit son État contre eux. L'empire de Charlemagne est une première épreuve encore vague et confuse, mais pourtant reconnaissable, de l'Europe que nous venons d'esquisser, et qui sera un jour, sans nul doute, l'Europe définitive.

Plus tard, par Louis XIV. Louis XIV voulut bâtir l'État méridional du Rhin tel que nous l'avons indiqué. Il mit sa famille en Espagne, en Italie et en Sicile, et y appuya la France. L'idée était neuve, mais la dynastie était usée; l'idée était grande, mais la dynastie était petite. Cette disproportion empêcha le succès.

L'œuvre était bonne, l'ouvrier était bon, l'outil était mauvais.

Enfin par Napoléon. Napoléon commença par rétablir, lui aussi, l'État méridional du Rhin. Il installa sa famille non-seulement en Espagne, en Lombardie, en Étrurie et à Naples, mais encore dans le duché de Berg et en Hollande, afin d'avoir en bas toute la Méditerranée et en haut tout le cours du Rhin jusqu'à l'Océan. Puis, quand il eut refait ainsi ce qu'avait fait Louis XIV, il voulut refaire ce qu'avait fait Charlemagne. Il essaya de constituer l'Allemagne d'après la même pensée que la France. Il épousa l'Autriche, donna la Westphalie à son frère, la Suède à Bernadotte, et promit la Pologne à Poniatowski. C'est dans cette œuvre immense qu'il rencontra l'Angleterre, la Russie et la Providence, et qu'il se brisa. Les temps n'étaient pas encore venus. S'il eût réussi, le groupe continental était formé.

Peut-être faut-il que l'œuvre de Charlemagne et de Napoléon se refasse sans Napoléon et sans Charlemagne. Ces grands hommes ont peut-être l'inconvénient de trop personnifier l'idée et d'inquiéter par leur entité, plutôt française que germanique, la jalousie des nationalités. Il en peut résulter des méprises, et les peuples en viennent à s'imaginer qu'ils servent un homme et non une cause, l'ambition d'un seul et non la civilisation de tous. Alors ils se détachent. C'est ce qui est arrivé en 1813. Il ne faut pas que ce soit Charlemagne ou Bonaparte qui se défende contre les ennemis de l'Orient ou les ennemis de l'Occident; il faut que ce soit l'Europe. Quand l'Europe centrale sera constituée, et elle le sera un jour, l'intérêt de tous sera évident; la France, adossée à l'Allemagne, fera front à l'Angleterre, qui est, comme nous l'avons déjà dit, l'esprit de commerce, et la rejettera dans l'Océan; l'Allemagne, adossée à la France, fera front à la Russie, qui, nous l'avons dit de même, est l'esprit de conquête, et la rejettera dans l'Asie.

Le commerce est à sa place dans l'Océan.

Quant à l'esprit de conquête, qui a la guerre pour instrument, il retrempe et ressuscite les civilisations mortes et tue les civilisations vivantes. La guerre est pour les unes la renaissance, pour les autres la fin. L'Asie en a besoin, l'Europe non.

La civilisation admet l'esprit militaire et l'esprit commercial; mais elle ne s'en compose pas uniquement. Elle les combine dans une juste proportion avec les autres éléments humains. Elle corrige l'esprit guerrier par la sociabilité, et l'esprit marchand par le désintéressement. S'enrichir n'est pas son objet exclusif; s'agrandir n'est pas son ambition suprême. Éclairer pour améliorer, voilà son but; et, à travers les passions, les préjugés, les illusions, les erreurs et les folies des peuples et des hommes, elle fait le jour par le rayonnement calme et majestueux de la pensée.

Résumons. L'union de l'Allemagne et de la France, ce serait le frein de l'Angleterre et de la Russie, le salut de l'Europe, la paix du monde.

X

C'est ce que la politique anglaise et la politique russe, maîtresses du congrès de Vienne, ont compris en 1815.

Il y avait alors rupture de fait entre la France et l'Allemagne.

Les causes de cette rupture valent la peine d'être rappelées en peu de mots.

Le czar, par enthousiasme pour Bonaparte, avait été un moment Français; mais, voyant Napoléon édifier le nord de l'Europe contre la Russie, il était redevenu Russe. Et, quelle que pût être son amitié d'homme privé pour Alexandre, Napoléon, en fortifiant l'Europe contre les Russes, ne méritait aucun blâme. Il est aussi impossible aux Charlemagne et aux Napoléon de ne pas construire leur Europe d'une certaine façon qu'au castor de ne pas bâtir sa hutte selon une certaine forme et contre un certain vent. Quand il s'agit de la conservation et de la propagation, ces deux grandes lois naturelles, le génie a son instinct aussi sûr, aussi fatal, aussi étranger à tout ce qui n'est pas le but, que l'instinct de la brute. Il le suit, laissez-le faire, et, dans l'Empereur comme dans le castor, admirez Dieu.

L'Angleterre, elle, n'avait même pas eu le moment d'illusion d'Alexandre. La paix d'Amiens avait duré le temps d'un éclair; Fox tout au plus avait été fasciné par Bonaparte. L'Europe de Napoléon était bâtie également et surtout contre elle; aussi, pour s'allier à l'Angleterre, le czar n'eut qu'à prendre sa main, qui était tendue vers lui depuis longtemps. On voit les événements de 1812. L'empereur Napoléon s'appuyait sur l'Allemagne comme sur la France; mais, harcelé de toutes parts, haï et trahi par les rois de vieille souche; piqué par la nuée de pamphlets de Londres comme le taureau par un essaim de frelons, gêné dans ses moyens d'action, troublé dans son opération colossale et délicate, il avait fait deux grandes fautes, l'une au midi, l'autre au nord; il avait froissé l'Espagne et blessé la Prusse. Il s'ensuivit une réaction terrible et juste sous quelques rapports. Comme l'Espagne, la Prusse se souleva. L'Allemagne trembla sous les pieds de l'Empereur. Cherchant du talon son point d'appui, il recula jusqu'en France, où il retrouva la terre ferme. Là, durant trois grands mois, il lutta comme un géant corps à corps avec l'Europe. Mais le duel était inégal; ainsi que dans les combats d'Homère, l'Océan et l'Asie secouraient l'Europe. L'Océan vomissait des Anglais; l'Asie vomissait des Cosaques. L'Empereur tomba; la France se voila la tête; mais, avant de fermer les yeux, à l'avant-garde des hordes russes, elle reconnut l'Allemagne.

De là une rupture entre les deux peuples. L'Allemagne avait sa rancune; la France eut sa colère.

Mais chez des nations généreuses, sœurs par le sang et par la pensée, les rancunes passent, les colères tombent; le grand malentendu de 1813 devait finir par s'éclaircir. L'Allemagne, héroïque dans la guerre, redevient rêveuse à la paix. Tout ce qui est illustre, tout ce qui est sublime, même hors de sa frontière, plaît à son enthousiasme sérieux et désintéressé. Quand son ennemi est digne d'elle, elle le combat tant qu'il est debout, elle l'honore dès qu'il est tombé. Napoléon était trop grand pour qu'elle n'en revînt pas à l'admirer, trop malheureux pour qu'elle n'en revînt pas à l'aimer. Et pour la France, à qui Sainte-Hélène a serré le cœur, quiconque admire et aime l'Empereur est Français. Les deux nations étaient donc invinciblement amenées dans un temps donné à s'entendre et à se réconcilier.

L'Angleterre et la Russie prévinrent cet avenir inévitable; et, pour l'empêcher, peu rassurées par la chute de l'Empereur, motif momentané de rupture, elles créèrent entre l'Allemagne et la France un motif permanent de haine.

Elles prirent à la France et donnèrent à l'Allemagne la rive gauche du Rhin.

XI

Ceci était d'une politique profonde.

C'était entamer le grand État méridional du Rhin ébauché par Charlemagne, construit par Louis XIV, complété et restauré par Napoléon. C'était affaiblir l'Europe centrale, lui créer facticement une sorte de maladie chronique, et la tuer peut-être, avec le temps, en lui mettant près du cœur un ulcère toujours douloureux, toujours gangrené. C'était faire brèche à la France, à la vraie France, qui est rhénane comme elle est méditerranéenne : *Francia rhenana*, disent les vieilles chartes carlovingiennes.

C'était poster une avant-garde étrangère à cinq journées de Paris. C'était surtout irriter à jamais la France contre l'Allemagne.

Cette politique profonde, qu'on reconnaît dans la conception d'une pareille pensée, se retrouve dans l'exécution.

Donner la rive gauche du Rhin à l'Allemagne, c'était une idée. L'avoir donnée à la Prusse, c'est un chef-d'œuvre.

Chef-d'œuvre de haine, de ruse, de discorde et de calamité; mais chef-d'œuvre. La politique en a comme cela.

La Prusse est une nation jeune, vivace, énergique, spirituelle, chevaleresque, libérale, guerrière, puissante. Peuple d'hier qui a demain. La Prusse marche à de hautes destinées, particulièrement sous son roi actuel, prince grave, noble, intelligent et loyal, qui est digne de donner à son peuple cette dernière grandeur, la liberté. Dans le sentiment vrai et juste de son accroissement inévitable, par un point d'honneur louable, quoique à notre avis mal entendu, la Prusse peut vouloir ne rien lâcher de ce qu'elle a une fois saisi.

La politique anglaise se garda bien de donner cette rive gauche à l'Autriche. L'Autriche évidemment depuis deux siècles décroît et s'amoindrit.

Au dix-huitième siècle, époque où Pierre le Grand a fait la Russie, Frédéric le Grand a fait la Prusse;

et il l'a faite en grande partie avec des morceaux de l'Autriche.

L'Autriche, c'est le passé de l'Allemagne; la Prusse, c'est l'avenir.

A cela près que la France, comme nous le montrerons tout à l'heure, est à la fois vieille et jeune, ancienne et neuve, la Prusse est en Allemagne ce que la France est en Europe.

Il devrait y avoir entre la France et la Prusse effort cordial vers le même but, chemin fait en commun, accord profond, sympathie. Le partage du Rhin crée une antipathie.

Il devrait y avoir amitié; le partage du Rhin crée une haine.

Brouiller la France avec l'Allemagne, c'était quelque chose, brouiller la France avec la Prusse, c'était tout.

Redisons-le, l'installation de la Prusse dans les provinces rhénanes a été le fait capital du congrès de Vienne. Ce fut la grande adresse de lord Castlereagh et la grande faute de M. de Talleyrand.

XII

Du reste, dans le fatal remaniement de 1815, il n'y a pas eu d'autre idée que celle-là. Le surplus a été fait au hasard. Le congrès a songé à désorganiser la France, non à organiser l'Allemagne.

On a donné des peuples aux princes et des princes aux peuples, parfois sans regarder les voisinages, presque toujours sans consulter l'histoire, le passé, les nationalités, les amours-propres. Car les nations aussi ont leurs amours-propres, qu'elles écoutent souvent, disons-le à leur honneur, plus que leurs intérêts.

Un seul exemple, qui est éclatant, suffira pour

indiquer de quelle manière s'est fait sous ce rapport le travail du congrès. Mayence est une ville illustre. Mayence, au neuvième siècle, était assez forte pour châtier son archevêque Hatto ; Mayence, au douzième siècle, était assez puissante pour défendre contre l'empereur et l'empire son archevêque Adalbert. Mayence, en 1225, a été le centre de la hanse rhénane et le nœud des cent villes. Elle a été la métropole des minnesænger, c'est-à-dire de la poésie gothique ; elle a été le berceau de l'imprimerie, c'est-à-dire de la pensée moderne. Elle garde et montre encore la maison qu'ont habitée, de 1443 à 1450, Gutenberg, Jean Fust et Pierre Schœffer, et qu'elle appelle par une magnifique et juste assimilation *Dreykœnigshof*, la *maison des trois rois*. Pendant huit cents ans, Mayence a été la capitale du premier des électorats germaniques ; pendant vingt ans Mayence a été un des fronts de la France. Le congrès l'a donnée comme une bourgade à un État du cinquième ordre, à la Hesse.

Mayence avait une nationalité distincte, tranchée, hautaine et jalouse. L'électorat de Mayence pesait en Europe. Aujourd'hui elle a garnison étrangère. Elle n'est plus qu'une sorte de corps de garde où l'Autriche et la Prusse font faction, l'œil fixé sur la France.

Mayence avait gravé en 1135, sur les portes de bronze que lui avait données Willigis, les libertés que lui avaient données Adalbert. Elle a encore les portes de bronze, mais elle n'a plus les libertés.

Dans le plus profond de son histoire, Mayence a des souvenirs romains : le tombeau de Drusus est chez elle. Elle a des souvenirs français : Pepin, le premier roi de France qui ait été sacré, a été sacré en 750, par un archevêque de Mayence, saint Boniface. Elle n'a point de souvenirs hessois, à moins que ce ne soit celui-ci : au seizième siècle, son territoire fut ravagé par Jean le Batailleur, landgrave de Hesse.

Ceci montre comment le congrès de Vienne a procédé. Jamais opération chirurgicale ne s'est faite plus à l'aventure. On s'est hâté d'amputer la France, de mutiler les nationalités rhénanes, d'en extirper l'esprit français. On a violemment arraché des morceaux de l'empire de Napoléon ; l'un a pris celui-ci, l'autre celui-là, sans regarder même si le lambeau par hasard ne souffrait pas, s'il n'était pas séparé de son centre, c'est-à-dire de son cœur, s'il pouvait reprendre vie autrement et se rattacher ailleurs. On n'a posé aucun appareil, on n'a fait aucune ligature. Ce qui saignait il y a vingt-cinq ans saigne encore.

Ainsi, on a donné à la Bavière quelques anneaux de la chaîne des Vosges, vingt-six lieues de long sur vingt et une de large, cinq cent dix-sept mille quatre-vingts âmes, trois morceaux de nos trois départements de la Sarre, du Bas-Rhin et du Mont-Tonnerre. Avec ces trois morceaux, la Bavière a fait quatre districts. Pourquoi ces chiffres et pas d'autres? Cherchez une raison, vous ne trouverez que le caprice.

On a donné à Hesse-Darmstadt le bout septentrional des Vosges, le nord du département du Mont-Tonnerre, et cent soixante-treize mille quatre cents âmes. Avec ces âmes et ces Vosges, la Hesse a fait onze cantons.

Si l'on promène son regard sur une carte d'Allemagne vers le confluent du Mein et du Rhin, on est agréablement surpris d'y voir s'épanouir une grande fleur à cinq pétales, découpée en 1815 par les ciseaux délicats du congrès. Francfort est le pistil de cette rose. Ce pistil, où vivent en plein développement deux bourgmestres, quarante-deux sénateurs, soixante administrateurs et quatre-vingt-cinq législateurs, contient quarante-six mille habitants, dont cinq mille juifs. Les cinq pétales, peints tous sur la carte de différentes couleurs, appartiennent à cinq États différents : le premier est à la Bavière, le deuxième est à Hesse-Cassel, le troisième à Hesse-Hombourg, le quatrième à Nassau, le cinquième à Hesse-Darmstadt.

Était-il nécessaire d'accommoder et d'envelopper de cette façon une noble ville où il semble, lorsqu'on y est, qu'on sente battre le cœur de l'Allemagne? Les empereurs y étaient élus et couronnés; la diète germanique y délibère; Gœthe y est né.

Lorsqu'il parcourt aujourd'hui les provinces rhénanes, sur lesquelles rayonnait il n'y a pas trente ans cette puissante homogénéité qui a pénétré si profondément en moins d'un siècle et demi l'antique landgraviat d'Alsace, le voyageur rencontre de temps à autre un poteau blanc et bleu, il est en Bavière; puis voici un poteau blanc et rouge, il est dans la Hesse; puis voilà un poteau blanc et noir, il est en Prusse. Pourquoi? Y a-t-il une raison à cela? A-t-on passé une rivière, une muraille, une montagne? A-t-on touché une frontière? Quelque chose s'est-il modifié dans le pays qu'on a traversé? Non. Rien n'a changé que la couleur des poteaux. Le fait est qu'on n'est ni en Prusse, ni dans la Hesse, ni en Bavière; on est sur la rive gauche du Rhin, c'est-à-dire en France, comme sur la rive droite on est en Allemagne.

Insistons donc sur ce point, l'arrangement de 1815 a été une répartition léonine. Les rois ne se sont dit qu'une chose : *Partageons*. — Voici la robe de Joseph, déchirons-la, et que chacun garde ce qui lui restera aux mains. — Ces pièces sont aujourd'hui cousues au bas de chaque État; on peut les voir; jamais loques plus bizarrement déchiquetées n'ont traîné sur une mappemonde. Jamais haillons ajustés bout à bout par la politique humaine n'ont caché et travesti plus étrangement les éternels et divins compartiments des fleuves, des mers et des montagnes.

Et, tôt ou tard, les nobles nations du Rhin y réfléchiront, c'est d'elles que le congrès s'est le moins préoccupé. On a pu entrevoir dans ces quelques lignes nécessairement sommaires avec quel dédain le congrès a traité l'histoire, le passé, les affinités géographiques et commerciales, tout ce qui constitue l'entité des nations. Chose remarquable, on distribuait des peuples et l'on ne songeait pas aux peuples. On s'agrandissait, on s'arrondissait, on s'étendait, voilà tout. Chacun payait ses dettes avec un peu de la France. On faisait des concessions viagères et des concessions à réméré. On s'accommodait entre soi. Tel prince demandait des arrhes; on lui donnait une ville. Tel autre réclamait un appoint; on lui jetait un village.

Mais sous cette légèreté apparente, nous l'avons indiqué, il y avait une pensée profonde, une pensée anglaise et russe qui s'exécutait, disons-le, aussi bien aux dépens de l'Allemagne qu'aux dépens de la France. Le Rhin est le fleuve qui doit les unir; on en a fait le fleuve qui les divise.

XIII

Cette situation évidemment est factice, violente, contre nature, et par conséquent momentanée. Le temps ramène tout à l'équation; la France reviendra à sa forme normale et à ses proportions nécessaires. A notre avis, elle doit et elle peut y revenir pacifiquement, par la force des choses combinée avec la force des idées. A cela pourtant il y a deux obstacles :

Un obstacle matériel;
Un obstacle moral.

XIV

L'obstacle matériel, c'est la Prusse.

Nous ne reviendrons pas sur ce que nous avons déjà dit à ce sujet. Il est impossible pourtant que dans un temps donné la Prusse ne reconnaisse pas trois choses.

La première, c'est que, le caractère personnel des princes toujours laissé hors de question, l'alliance russe n'est pas et ne peut pas être un fait simple et clair pour un État de l'Europe centrale. Ce sont là des rapprochements dont l'arrière-pensée est transparente. Entre royaumes et entre peuples on peut s'aimer de beaucoup de façons. La Russie aime l'Allemagne comme l'Angleterre aime le Portugal et l'Espagne, comme le loup aime le mouton.

La deuxième, c'est que, malgré tous les efforts de la Prusse depuis vingt-cinq ans, malgré force concessions de bien-être, comme l'abaissement des taxes sur le tabac, le houblon et le vin, si paternel qu'ait été son gouvernement, et nous le reconnaissons, la rive gauche du Rhin est restée française; tandis que la rive droite, naturellement et nécessairement allemande, est devenue tout de suite prussienne. Parcourez la rive droite, entrez dans les auberges, dans les tavernes, dans les boutiques; partout vous verrez le portrait du grand Frédéric et la bataille de Rosbach accrochés au mur. Parcourez la rive gauche, visitez les mêmes lieux, partout vous y trouverez Napoléon et Austerlitz, protestation muette. La liberté de la presse n'existe pas dans les possessions prussiennes, mais la liberté de la muraille y existe encore, et elle suffit, comme on voit, pour rendre publiques les pensées secrètes.

En troisième lieu, le Prusse remarquera que son État, tel que les congrès l'ont coupé, est mal fait. Qu'est-ce en effet que la Prusse aujourd'hui ? Trois îles en terre ferme. Chose bizarre à dire, mais vraie. Le Rhin, et surtout le défaut de sympathie et d'unité, divisent en deux le grand duché du Bas-Rhin, qui est lui-même séparé de la vieille

Prusse par un détroit où passe un bras de la confédération germanique et où le Hanovre et la Hesse électorale font leur jonction. Entre les deux points les plus rapprochés de ce détroit, Liebenau et Wilzenhs, est précisément situé Cassel, comme pour interdire toute communication. Étrange sujétion presque absurde à exprimer, le roi de Prusse ne peut aller chez lui sans sortir de chez lui.

Il est évident que ceci encore n'est qu'une situation provisoire.

La Prusse, disons-le-lui à elle-même, tend à devenir et deviendra un grand royaume homogène lié dans toutes ses parties, puissant sur terre et sur mer. A l'heure qu'il est, la Prusse n'a de ports que sur la Baltique, mer dont la profondeur n'atteint pas les huit cents pieds du lac de Constance, mer plus facile à fermer encore que la Méditerranée et qui n'a pas, comme la Méditerranée, l'inappréciable avantage d'être le bassin même de la civilisation. Un peuple enfermé dans la Méditerranée a pu devenir Rome. Que deviendrait un peuple enfermé dans la Baltique ? Il faut à la Prusse des ports sur l'Océan.

Nul n'a le secret de l'avenir, et Dieu seul, de son doigt inflexible, avance, recule ou efface souverainement les lignes vertes et rouges que les hommes tracent sur les mappemondes. Mais dès à présent on peut le constater, car une partie en est déjà visible, le travail divin se fait. Dès à présent la Providence remet en ordre, avec sa lenteur infaillible et majestueuse, ce qu'ont dérangé les congrès. En séparant, par l'avénement béni d'une jeune fille, la couronne de Hanovre de la couronne d'Angleterre, en isolant le petit royaume du grand, en frappant de diverses incapacités morales et physiques, on pourrait dire de tous les aveuglements à la fois, la branche de Brunswick restée allemande ou redevenue allemande, c'est-à-dire en la marquant pour une extinction prochaine, il semble qu'elle laisse déjà entrevoir son moyen et son but : le Hanovre à la Prusse et le Rhin à la France.

Quand nous disons le Rhin, nous entendons la rive gauche. Or, la Prusse a plus de rive droite que de rive gauche, et elle gardera la rive droite.

Pour le Hanovre, l'incorporation à la Prusse, c'est un grand pas vers la liberté, la dignité et la grandeur. Pour la Prusse, la possession du Hanovre, c'est d'abord l'homogénéité du territoire, la suppression du détroit et de l'obstacle, la jonction du duché du Rhin à la vieille Prusse; ensuite, c'est l'absorption inévitable de Hambourg et d'Oldenbourg, c'est l'Océan ouvert, la navigation libre, la possibilité d'être ausssi puissante par la marine que par l'armée.

Qu'est-ce que la rive gauche du Rhin à côté de tout cela ?

CONCLUSION

Quant à l'Allemagne proprement dite, c'est dans les principautés du Danube que sont ses compensations futures. N'est-il pas évident que l'empire ottoman diminue et s'atrophie pour que l'Allemagne s'agrandisse ?

XV

L'obstacle moral, c'est l'inquiétude que la France éveille en Europe.

La France en effet, pour le monde entier, c'est la pensée, c'est l'intelligence, la publicité, le livre, la presse, la tribune, la parole; c'est la langue, la pire des choses, dit Ésope; — la meilleure aussi.

Pour apprécier quelle est l'influence de la France dans l'atmosphère continentale et quelle lumière et quelle chaleur elle y répand, il suffit de comparer à l'Europe d'il y a deux cents ans, dont nous avons crayonné le tableau en commençant, l'Europe d'aujourd'hui.

S'il est vrai que le progrès des sociétés soit, et nous le croyons fermement, de marcher par des transformations lentes, successives et pacifiques, du gouvernement d'un seul au gouvernement de plusieurs et du gouvernement de plusieurs au gouvernement de tous; si cela est vrai, au premier aspect il semble évident que l'Europe, loin d'avancer, comme les bons esprits le pensent, a rétrogradé.

En effet, sans même pour l'instant faire figurer dans ce calcul les monarchies secondaires de la confédération germanique, et en ne tenant compte que des États absolument indépendants, on se souvient qu'au dix-septième siècle il n'y avait en Europe que douze monarchies héréditaires; il y en a dix-sept maintenant.

Il y avait cinq monarchies électives; il n'y en a plus qu'une, le saint-siége.

Il y avait huit républiques; il n'y en a plus qu'une, la Suisse.

La Suisse, il faut d'ailleurs l'ajouter, n'a pas seulement survécu, elle s'est agrandie. De treize cantons elle est montée à vingt-deux. Disons-le en passant — car, si nous insistons sur les causes morales, nous ne voulons pas omettre les causes physiques, — toutes les républiques qui ont disparu étaient dans la plaine ou sur la mer; la seule qui soit restée était dans la montagne. Les montagnes conservent les républiques. Depuis cinq siècles, en dépit des assauts et des ligues, il y a trois républiques montagnardes dans l'ancien continent : une en Europe, la Suisse, qui tient les Alpes; une en Afrique, l'Abyssinie[1], qui tient les montagnes de la Lune; une en Asie, la Circassie, qui tient le Caucase.

Si, après l'Europe, nous examinons la confédération germanique, ce microcosme de l'Europe, voici ce qui apparaît : à part la Prusse et l'Autriche, qui comptent parmi les grandes monarchies indépendantes, les six principaux États de la confédération germanique sont : la Bavière, le Wurtemberg, la Saxe, le Hanovre, la Hesse et Bade. De ces six États, les quatre premiers étaient des duchés, ce sont aujourd'hui des royaumes; les deux derniers étaient, la Hesse un landgraviat et Bade un margraviat, ce sont aujourd'hui des grands duchés.

Quant aux États électifs et viagers du corps germanique, ils étaient nombreux et comprenaient une foule de principautés ecclésiastiques; tous ont cessé d'exister, et à leur tête se sont éclipsés pour jamais les trois grands électorats archiépiscopaux du Rhin.

Si nous passons aux États populaires, nous trou-

[1] Les Abyssins repoussent comme injurieux le nom d'*Abyssins*. Ils s'appellent *Agassiens*, ce qui signifie *libres*.

vons ceci : il y avait en Allemagne soixante-dix villes libres ; il n'y en a plus que quatre : Francfort-sur-le-Mein, Hambourg, Lubeck et Brême.

Et qu'on le remarque bien, pour faire ce rapprochement nous ne nous sommes pas mis dans les conditions les plus favorables à ce que nous voulions démontrer, car si au lieu de 1630 nous avions choisi 1650, par exemple, nous aurions pu retrancher aux États monarchiques et ajouter aux États démocratiques du dix-septième siècle la république anglaise, qui a disparu aujourd'hui comme les autres.

Poursuivons.

Des cinq monarchies électives, deux étaient de premier rang, Rome et l'Empire. La seule qui reste maintenant, Rome, est tombée au troisième rang.

Des huit républiques, une, Venise, était une puissance de second rang. La seule qui subsiste de nos jours, la Suisse, est, comme Rome, un État de troisième ordre.

Les cinq grandes puissances actuellement dirigeantes, la France, la Prusse, l'Autriche, la Russie et l'Angleterre, sont toutes des monarchies héréditaires.

Ainsi, d'après cette confrontation surprenante, qui a gagné du terrain ? la monarchie ; qui en a perdu ? la démocratie.

Voilà les faits.

Eh bien, les faits se trompent. Les faits ne sont que des apparences. Le sentiment profond et unanime des nations dément les faits et dit que c'est le contraire qui est vrai.

La monarchie a reculé, la démocratie a avancé. Pour que le côté libéral de la constitution de la vieille Europe non-seulement n'ait rien perdu, mais encore ait prodigieusement gagné, malgré la multiplication et l'accroissement des royautés, malgré la chute de tous les États viagers et, en quelque sorte, présidentiels de l'Allemagne, malgré la disparition de quatre grandes monarchies électives sur cinq, de sept républiques sur huit, et de soixante-six villes libres sur soixante-dix, il suffit d'un fait : la France a passé de l'état de monarchie pure à l'état de monarchie populaire.

Ce n'est qu'un pas, mais ce pas est fait par la France; et, dans un temps donné, tous les pas que fait la France, le monde les fera. Ceci est tellement vrai, que, lorsqu'elle se hâte, le monde se révolte contre elle et la prend à partie, trouvant plus facile encore de la combattre que de la suivre. Aussi la politique de la France doit-elle être une politique conductrice et toujours se résumer en deux mots : ne jamais marcher assez lentement pour arrêter l'Europe, ne jamais marcher assez vite pour empêcher l'Europe de rejoindre.

Le tableau que nous venons de dresser dans les

quelques pages qui précèdent, prouve encore, et prouve souverainement, ceci : c'est que les mots ne sont rien, c'est que les idées sont tout. A quoi bon batailler en effet pour ou contre le mot *république*, par exemple, lorsqu'il est démontré que sept républiques, quatre États électifs et soixante-six villes franches tiennent moins de place dans la civilisation européenne qu'une idée de liberté semée par la France à tous les vents ?

En effet, les États nuisent ou servent à la civilisation, non par le nom qu'ils portent, mais par l'exemple qu'ils donnent. Un exemple est une proclamation.

Or, quel est l'exemple que donnaient les républiques disparues, et quel est l'exemple que donne la France ?

Venise aimait passionnément l'égalité. Le doge n'avait que sa voix au sénat. La police entrait chez le doge comme chez le dernier citoyen, et, masquée, fouillait ses papiers en sa présence sans qu'il osât dire un mot. Les parents du doge étaient suspects à la république par cela seul qu'ils étaient parents du doge. Les cardinaux vénitiens lui étaient suspects comme princes étrangers. Catherine Cornaro, reine à Chypre, n'était à Venise qu'une dame de Venise. La république avait proscrit les titres héraldiques. Un jour un sénateur, nommé par l'empereur comte du saint-empire, fit sculpter en pierre sur le fronton de sa porte une couronne comtale au-dessus de son blason. Le lendemain matin la couronne avait disparu. Le conseil des Dix l'avait fait briser pendant la nuit à coups de marteau. Le sénateur dévora l'affront et fit bien. Sous François Foscari, quand le roi de Dacie vint séjourner à Venise, la république lui donna rang de citoyen; rien de plus. Jusqu'ici tout va d'accord, et l'égalité la plus jalouse n'aurait rien à reprendre. Mais, au-dessous des citoyens, il y avait les citadins. Les citoyens, c'était la noblesse; les citadins, c'était le peuple. Or, les citadins, c'est-à-dire le peuple, n'avaient aucun droit. Leur magistrat suprême, qui s'appelait le chancelier des citadins et qui était une façon de doge plébéien, n'avait rang que fort loin après le dernier des nobles. Il y avait entre le bas et le haut de l'État une muraille infranchissable, et en aucun cas la citadinance ne menait à la seigneurie. Une fois seulement, au quatorzième siècle, trente bourgeois opulents se ruinèrent presque pour sauver la république et obtinrent en récompense, ou, pour mieux dire, en payement, la noblesse; mais cela fit presque une révolution; et ces trente noms, aux yeux des patriciens purs, ont été jusqu'à nos jours les trente taches du livre d'or. La seigneurie déclarait ne devoir au peuple qu'une chose, le pain à bon marché. Joignez à cela le carnaval de cinq mois, et Juvénal pourra dire : *Panem et circenses.* Voilà comment Venise comprenait l'égalité. — Le droit public français a aboli tout privilége. Il a proclamé la libre accessibilité de toutes les aptitudes à tous les emplois, et cette parité du premier comme du dernier regnicole devant le droit politique est la seule vraie, la seule raisonnable, la seule absolue. Quel que soit le hasard de la naissance, elle extrait de l'ombre, constate et consacre les supériorités naturelles, et par l'égalité des conditions elle met en saillie l'inégalité des intelligences.

Dans Gênes comme dans Venise il y avait deux États : la grande république, régie par ce qu'on appelait le Palais, c'est-à-dire par le doge et l'aristocratie ; la petite république, régie par l'office de Saint-Georges. Seulement, au contraire de Venise, mainte fois la république d'en bas gênait, entravait, et même opprimait la république d'en haut. La communauté de Saint-Georges se composait de tous les créanciers de l'État, qu'on nommait les prêteurs. Elle était puissante et avare, et rançonnait fréquemment la seigneurie. Elle avait prise sur toutes les gabelles, part à tous les priviléges, et possédait exclusivement la Corse, qu'elle gouvernait rudement. Rien n'est plus dur qu'un gouvernement de nobles, si ce n'est un gouvernement de marchands. Prise absolument et en elle-même, Gênes était une nation de débiteurs menée par une nation de créanciers. A Venise, l'impôt pesait surtout sur la citadinance; à Gênes, il écrasait souvent la noblesse. — La France, qui a proclamé l'égalité de tous devant la loi, a aussi proclamé l'égalité de tous devant l'impôt. Elle ne souffre aucun compartiment dans la caisse de l'État. Chacun y verse et y puise. Et, ce qui prouve la bonté du principe, de même que son égalité politique respecte l'inégalité des intelligences, son égalité devant l'impôt respecte l'inégalité des fortunes.

A Venise, l'État vendait les offices, et, moyennant un droit qu'on appelait *dépôt de conseil*, les mineurs pouvaient entrer, siéger et voter avant l'âge dans les assemblées. — La France a aboli la vénalité des fonctions publiques.

A Venise le silence régnait. — En France la parole gouverne.

A Gênes, la justice était rendue par une rote toujours composée de cinq docteurs étrangers. A Lucques, la rote ne contenait que trois docteurs : le premier était podestat, le second juge civil, le troisième juge criminel; et non-seulement ils devaient être étrangers, mais encore il fallait qu'ils fussent nés à plus de cinquante milles de Lucques. — La France a établi, en principe et en fait, que la seule justice est la justice du pays.

A Gênes, le doge était gardé par cinq cents Allemands; à Venise, la république était défendue en terre ferme par une armée étrangère, toujours commandée par un général étranger ; à Raguse, les lois étaient placées sous la protection de cent Hongrois, menés par leur capitaine, lesquels servaient aux exécutions ; à Lucques, la seigneurie était protégée dans son palais par cent soldats étrangers, qui, comme les juges, ne pouvaient être nés à moins de cinquante milles de la cité. — La France met le prince, le gouvernement et le droit public sous la protection des gardes nationales. Les anciennes républiques semblaient se défier d'elles-mêmes. La France se fie à la France.

A Lucques, il y avait une inquisition de la vie privée, qui s'intitulait *conseil des discoles*. Sur une dénonciation jetée dans la boîte du conseil, tout citoyen pouvait être déclaré discole, c'est-à-dire homme de mauvais exemple, et banni pour trois ans, sous peine de mort en cas de rupture de ban. De là, des abus sans nombre. — La France a aboli tout ostracisme. La France mure la vie privée.

En Hollande, l'exception régissait tout. Les états votaient par province, et non par tête. Chaque province avait ses lois spéciales, féodales en West-Frise, bourgeoises à Groningue, populaires dans les Ommelandes. Dans la province de Hollande, dix-huit villes seulement [1] avaient droit d'être con-

---

[1] Dordrecht, Harlem, Delft, Leide, Amsterdam, Goude, Rotter-

sultées pour les affaires générales et ordinaires de la république; sept autres [1] pouvaient être admises à donner leur avis, mais uniquement lorsqu'il s'agissait de la paix ou de la guerre, ou de la réception d'un nouveau prince. Ces vingt-cinq exceptées, aucune des autres villes n'était consultée, celles-là parce qu'elles appartenaient à des seigneurs particuliers, celles-ci parce qu'elles n'étaient pas villes fermées. Trois villes impériales, battant monnaie, gouvernaient l'Over-Yssel, chacune avec une prérogative inégale; Deventer était la première, Campen la seconde et Zwol la troisième. Les villes et les villages du duché de Brabant obéissaient aux états généraux sans avoir le droit d'y être représentés. — En France, la loi est une pour toutes les cités comme pour tous les citoyens.

Genève était protestante, mais Genève était intolérante. Le pétillement sinistre des bûchers accompagnait la voix querelleuse de ses docteurs. Le fagot de Calvin s'allumait aussi bien et flambait aussi clair à Genève que le fagot de Torquemada à Madrid. — La France professe, affirme et pratique la liberté de conscience.

Qui le croirait? la Suisse, en apparence popu-

dam, Gorcum, Schiedam, Shoonhewe, Briel, Alcmar, Hoorne, Inchuisem, Edam, Monickendam, Mademblyck et Purmescynde.

[1] Woordem, Hudewater, Gherthruydenberg, Heusden, Naerden, Weesp et Muyden.

laire et paysanne, était un pays de privilége, de hiérarchie et d'inégalité. La république était partagée en trois régions. La première région comprenait les treize cantons et avait la souveraineté. La deuxième région contenait l'abbé et la ville de Saint-Gall, les Grisons, les Valaisans, Richterschwyl, Biel et Mulhausen. La troisième région englobait sous une sujétion passive les pays conquis, soumis ou achetés. Ces pays étaient gouvernés de la façon la plus inégale et la plus singulière. Ainsi Bade en Argovie, acquise en 1415, et la Turgovie, acquise en 1460, appartenaient aux huit premiers cantons. Les sept premiers cantons régissaient exclusivement les Libres Provinces prises en 1415 et Sargans vendu à la Suisse en 1473 par le comte Georges de Werdenberg. Les trois premiers cantons étaient suzerains de Bilitona et de Bellinzona. Ragatz, Lugano, Locarno, Mendrisio, le Val-Maggia, donnés à la confédération en 1513 par François Sforce, duc de Milan, obéissaient à tous les cantons, Appenzell excepté. — La France n'admet pas de hiérarchie entre les parties du territoire. L'Alsace est égale à la Touraine, le Dauphiné est aussi libre que le Maine, la Franche-Comté est aussi souveraine que la Bretagne, et la Corse est aussi française que l'Ile-de-France.

On le voit, et il suffit pour cela d'examiner la comparaison que nous venons d'ébaucher, les an-

.ciennes républiques exprimaient des généralités locales; la France exprime des idées générales.

Les anciennes républiques représentaient des intérêts. La France représente des droits.

Les anciennes républiques, venues au hasard, étaient le fruit tel quel de l'histoire, du passé et du sol. La France modifie et corrige l'arbre, et sur un passé qu'elle subit, greffe un avenir qu'elle choisit.

L'inégalité entre les individus, entre les villes, entre les provinces, l'inquisition sur la conscience, l'inquisition sur la vie privée, l'exception dans l'impôt, la vénalité des charges, la division par castes, le silence imposé à la pensée, la défiance faite loi de l'État, une justice étrangère dans la cité, une armée étrangère dans le pays, voilà ce qu'admettaient, selon le besoin de leur politique ou de leurs intérêts, les anciennes républiques. — La nation une, le droit égal, la conscience inviolable, la pensée reine, le privilége aboli, l'impôt consenti, la justice nationale, l'armée nationale, voilà ce que proclame la France.

Les anciennes républiques résultaient toujours d'un cas donné, souvent unique, d'une coïncidence de phénomènes, d'un arrangement fortuit d'éléments disparates, d'un accident; jamais d'un système. La France croit en même temps qu'elle est; elle discute sa base et la critique, et l'éprouve assise par assise; elle pose des dogmes et en conclut l'État; elle a une foi, l'amélioration; un culte, la liberté; un évangile, le vrai en tout. Les républiques disparues vivaient petitement et sobrement dans leur chétif ménage politique; elles songeaient à elles, et rien qu'à elles; elles ne proclamaient rien, elles n'enseignaient rien; elles ne gênaient ni n'enlaidissaient aucun despotisme par le voisinage de leur liberté; elles n'avaient rien en elles qui pût aller aux autres nations. La France, elle, stipule pour le peuple et pour tous les peuples, pour l'homme et pour tous les hommes, pour la conscience et pour toutes les consciences. Elle a ce qui sauve les nations, l'unité; elle n'a pas ce qui les perd, l'égoïsme. Pour elle, conquérir des provinces, c'est bien; conquérir des esprits, c'est mieux. Les républiques du passé, crénelées dans leur coin, faisaient toutes quelque chose de limité et de spécial; leur forme, insistons sur ce point, était inapplicable à autrui; leur but ne sortait point d'elles-mêmes. Celle-ci construisait une seigneurie, celle-là une bourgeoisie, cette autre une commune, cette dernière une boutique. La France construit la société humaine.

Les anciennes républiques se sont éclipsées. Le monde s'en est à peine aperçu. Le jour où la France s'éteindrait, le crépuscule se ferait sur la terre.

Nous sommes loin de dire pourtant que les anciennes républiques furent inutiles au progrès de l'Europe, mais il est certain que la France est nécessaire.

Pour tout résumer en un mot, des anciennes républiques il ne sortait que des faits ; de la France il sort des principes.

Là est le bienfait. Là aussi est le danger.

De la mission même que la France s'est donnée, c'est-à-dire, selon nous, a reçue d'en haut, il résulte plus d'un péril, surtout plus d'une alarme.

L'extrême largeur des principes français fait que les autres peuples peuvent vouloir se les essayer. Être Venise, cela ne tenterait aucune nation ; être la France, cela les tenterait toutes. De là des entreprises éventuelles que redoutent les couronnes.

La France parle haut, et toujours, et à tous. De là un grand bruit qui fait veiller les uns ; de là un grand ébranlement qui fait trembler les autres.

Souvent ce qui est promesse aux peuples semble menace aux princes.

Souvent aussi qui proclame déclame.

La France propose beaucoup de problèmes à la méditation des penseurs. Mais ce qui fait méditer les penseurs fait aussi songer les insensés.

Parmi ces problèmes, il y en a quelques-uns que les esprits puissants et vrais résolvent par le bon sens; il y en a d'autres que les esprits faux résolvent par le sophisme; il y en a d'autres que les esprits farouches résolvent par l'émeute, le guet-apens ou l'assassinat.

Et puis, — et ceci d'ailleurs est l'inconvénient des théories, — on commence par nier le privilége, et l'on a raison tout à fait; puis on nie l'hérédité, et l'on n'a plus raison qu'à demi; puis on nie la propriété, et l'on n'a plus raison du tout; puis on nie la famille, et l'on a complétement tort; puis on nie le cœur humain, et l'on est monstrueux. Même, en niant le privilége, on a eu tort de ne point distinguer tout d'abord entre le privilége institué dans l'intérêt de l'individu, celui-là est mauvais, et le privilége institué dans l'intérêt de la société, celui-ci est bon. L'esprit de l'homme, mené par cette chose aveugle qu'on appelle la logique, va volontiers du général à l'absolu, et de l'absolu à l'abstrait. Or, en politique, l'abstrait devient aisément féroce. D'abstraction en abstraction on devient Néron ou Marat. Dans le demi-siècle qui vient de s'écouler, la France, car nous ne voulons rien atténuer, a suivi cette pente, mais elle a fini par remonter vers le vrai. En 89, elle a rêvé un paradis; en 93, elle a réalisé un enfer; en 1800, elle a fondé une dictature; en 1815, une restauration; en 1830, un État libre. Elle a composé cet État libre d'élection et d'hérédité. Elle a dévoré toutes les folies avant d'arriver à la sagesse; elle a subi toutes les révolutions avant d'arriver à la liberté. Or, à sa sagesse d'aujourd'hui on reproche ses folies d'hier; à sa liberté on reproche ses révolutions.

Qu'on nous permette ici une digression, qui d'ailleurs va indirectement à notre but. Tout ce qu'on reproche à la France, tout ce que la France a fait, l'Angleterre l'avait fait avant elle. — Seulement — est-ce pour ce motif qu'on ne reproche rien à celle-là? — les principes qui ont surgi de la révolution anglaise sont moins féconds que ceux qui se sont dégagés de la révolution française. L'une, égoïste comme toutes ces autres républiques qui sont mortes, n'a stipulé que pour le peuple anglais; l'autre, nous l'avons dit tout à l'heure, a stipulé pour l'humanité tout entière.

Du reste, le parallèle est favorable à la France. Les massacres du Connaught dépassent 93. La révolution anglaise a eu plus de puissance pour le mal que la nôtre, et moins de puissance pour le bien; elle a tué un plus grand roi et produit un moins grand homme. On admire Charles Ier; on ne peut que plaindre Louis XVI. Quant à Cromwell, l'enthousiasme hésite devant ce grand homme difforme. Ce qu'il a de Scarron gâte ce qu'il a de Richelieu; ce qu'il a de Robespierre gâte ce qu'il a de Napoléon.

On pourrait dire que la révolution britannique est circonscrite dans sa portée et dans son rayonnement par la mer, comme l'Angleterre elle-même. La mer isole les idées et les événements comme les peuples. Le protectorat de 1657 est à l'empire de 1811 dans la proportion d'une île à un continent.

Si frappantes que fussent, au milieu même du dix-septième siècle, ces aventures d'une puissante nation, les contemporains y croyaient à peine. Rien de précis ne se dessinait dans cet étrange tumulte. Les peuples de ce côté du détroit n'entrevoyaient les grandes et fatales figures de la révolution anglaise que derrière l'écume des falaises et les brumes de l'Océan. La sombre et orageuse tragédie où étincelaient l'épée de Cromwell et la hache de Hewlet n'apparaissait aux rois du continent qu'à travers l'éternel rideau de tempêtes que la nature déploie entre l'Angleterre et l'Europe. A cette distance et dans ce brouillard, ce n'étaient plus des hommes, c'étaient des ombres.

Chose bien digne de remarque et d'insistance, dans l'espace d'un demi-siècle deux têtes royales ont pu tomber en Angleterre, l'une sous un couperet royal, l'autre sous un échafaud populaire, sans que les têtes royales d'Europe en fussent émues autrement que de pitié. Quand la tête de Louis XVI tomba à Paris, la chose parut toute nouvelle, et l'attentat sembla inouï. Le coup frappé par la main vile de Marat et de Couthon retentit plus avant dans la terreur des rois que les deux coups frappés par le bras souverain d'Élisabeth et par le bras formidable de Cromwell. Il serait presque exact de dire que, pour le monde, ce qui ne s'est pas fait en France ne s'est pas encore fait.

1587 et 1649, deux dates pourtant bien lugubres, sont comme si elles n'étaient pas et disparaissent sous le flamboiement hideux de ces quatre chiffres sinistres : 1793.

Il est certain, quant à l'Angleterre, que le *penitus toto divisos orbe Britannos* a été longtemps vrai. Jusqu'à un certain point il l'est encore. L'Angleterre est moins près du continent qu'elle ne le croit elle-même. Le roi Canut le Grand, qui vivait au onzième siècle, semble à l'Europe aussi lointain que Charlemagne. Pour le regard, les chevaliers de la Table ronde reculent dans les brouillards du moyen âge presque au même plan que les paladins. La renommée de Shakspeare a mis cent quarante ans à traverser le détroit. De nos jours, quatre cents enfants de Paris, silencieusement amoncelés comme les mouches d'octobre dans les angles noirs de la vieille Porte-Saint-Martin, et piétinant sur le pavé pendant trois soirées, troublent plus profondément l'Europe que tout le sauvage vacarme des élections anglaises.

Il y a donc, dans la peur que la France inspire aux princes européens, un effet d'optique et un effet d'acoustique, double grossissement dont il faudrait se défier. Les rois ne voient pas la France telle qu'elle est. L'Angleterre fait du mal; la France fait du bruit.

Les diverses objections qu'on oppose en Europe, depuis 1830 surtout, à l'esprit français, doivent, à notre avis, être toutes abordées de front, et, pour notre part, nous ne reculerons devant aucune. Au dix-neuvième siècle, nous le proclamons avec joie et avec orgueil, le but de la France, c'est le peuple, c'est l'élévation graduelle des intelligences, c'est l'adoucissement progressif du sort des classes nombreuses et affligées, c'est le présent amélioré par l'éducation des hommes, c'est l'avenir assuré par l'éducation des enfants. Voilà, certes, une sainte et illustre mission. Nous ne nous dissimulons pas pourtant qu'à cette heure une portion du peuple, à coup sûr la moins digne et peut-être la moins souffrante, semble agitée de mauvais instincts; l'envie et la jalousie s'y éveillent; le paresseux d'en bas regarde avec fureur l'oisif d'en haut, auquel il ressemble pourtant; et, placée entre ces deux extrêmes qui se touchent plus qu'ils ne le croient, la vraie société, la grande société qui produit et qui pense, paraît menacée dans le conflit. Un travail souterrain de haine et de colère se fait dans l'ombre, de temps en temps de graves symptômes éclatent, et nous ne nions pas que les hommes sages, aujourd'hui si affectueusement inclinés sur les classes souffrantes, ne doivent mêler peut-être quelque défiance à leur sympathie. Selon nous, c'est le cas de surveiller, ce n'est point le cas de s'effrayer. Ici encore, qu'on y songe bien, dans tous ces faits dont l'Europe s'épouvante et qu'elle déclare inouïs, il n'y a rien de nouveau. L'Angleterre avait eu avant nous des révolutionnaires; l'Allemagne, qu'elle nous permette de le lui dire, avait eu avant nous des communistes. Avant la France, l'Angleterre avait décapité la royauté; avant la France, la Bohême avait nié la société. Les hussites, j'ignore si nos sectaires contemporains le savent, avaient pratiqué dès le quinzième siècle toutes leurs théories. Ils arboraient deux drapeaux; sur l'un ils avaient écrit : *Vengeance du petit contre le grand!* et ils attaquaient ainsi l'ordre social momentané; sur l'autre ils avaient écrit : *Réduire à cinq toutes les villes de la terre!* et ils attaquaient ainsi l'ordre social éternel. On voit que, par l'idée, ils étaient aussi « avancés » que ce qu'on appelle aujourd'hui les communistes; par l'action, voici où ils en étaient : — ils avaient chassé un roi, Sigismond, de sa capitale, Prague; ils étaient maîtres d'un royaume, la Bohême; ils avaient un général homme de génie, Ziska; ils avaient bravé un concile, celui de Bâle, en 1431, et huit diètes, celle de Brinn, celle de Vienne, celle de Presbourg, les deux de Francfort et les trois de Nuremberg; ils avaient tenu eux-mêmes une diète à Czaslau, déposé solennellement un roi et créé une régence; ils avaient affronté deux croisades suscitées contre eux par Martin V; ils épouvantaient l'Europe à tel point, qu'on avait établi contre eux un conseil de guerre permanent à Nuremberg, une milice perpétuelle commandée par l'électeur de Brandebourg, une paix générale qui permettait à l'Allemagne de réunir toutes ses forces pour leur extermination, et un impôt universel, le *denier commun*, que le prince souverain payait comme le paysan. La terreur de leur approche avait fait transporter la couronne de Charlemagne et les joyaux de l'empire de Carlstein à Bude, et de Bude à Nuremberg. Ils avaient effroyablement dévasté, en présence de l'Allemagne armée et effarée, huit provinces, la Misnie, la Franconie, la Bavière, la Lusace, la Saxe, l'Autriche, le Brandebourg et la Prusse; ils avaient battu les meilleurs capitaines de l'Europe, l'empereur Sigismond, le duc Coribut Jagellon, le cardinal Julien, l'électeur de Brandebourg et le légat du pape. Devant Prague, à Teutschbroda, à Saatz, à Aussig, à Riesenberg, devant Mies et devant Taus, ils avaient exterminé huit fois l'armée du saint-em-

CONCLUSION

pire, et, dans ces huit armées, il y en avait une de cent mille hommes, commandée par l'empereur Sigismond, une de cent vingt mille hommes, commandée par le cardinal Julien, et une de deux cent mille hommes, commandée par les électeurs de Trèves, de Saxe et de Brandebourg. Cette dernière seulement, dans l'état des forces militaires du quinzième siècle, représenterait aujourd'hui un armement de douze cent mille soldats. Et combien de temps dura cette guerre faite par une secte à l'Europe et au genre humain? Seize ans. De 1420 à 1436. Sans nul doute, c'était là un sauvage et gigantesque ennemi. Eh bien, la civilisation du quinzième siècle, par cela même que c'était la barbarie et qu'elle était la civilisation, a été assez forte pour le saisir, l'étreindre et l'étouffer. Croit-on que la civilisation du dix-neuvième siècle doive trembler devant une douzaine de fainéants ivres qui épellent un libelle dans un cabaret?

Quelques malheureux, mêlés à quelques misérables, voilà les hussites du dix-neuvième siècle. Contre une pareille secte, contre un pareil danger, deux choses suffisent : la lumière dans les esprits, un caporal et quatre hommes dans la rue.

Rassurons-nous donc, et rassurons le continent.

La Russie et l'Angleterre laissées dans l'exception, et nous avons assez dit pourquoi, on reconnaît en Europe, sans compter les petits États, deux sortes de monarchies, les anciennes et les nouvelles. Sauf les restrictions de détail, les anciennes déclinent, les nouvelles grandissent. Les anciennes sont : l'Espagne, le Portugal, la Suède, le Danemark, Rome, Naples et la Turquie. A la tête de ces vieilles monarchies est l'Autriche, grande puissance allemande. Les nouvelles sont : la Belgique, la Hollande, la Saxe, la Bavière, le Wurtemberg, la Sardaigne et la Grèce. A la tête de ces jeunes royaumes est la Prusse, autre grande puissance allemande. Une seule monarchie dans ce groupe d'États de tout âge jouit d'un magnifique privilége, elle est tout à la fois vieille et jeune, elle a autant de passé que l'Autriche et autant d'avenir que la Prusse : c'est la France.

Ceci n'indique-t-il pas clairement le rôle nécessaire de la France? La France est le point d'intersection de ce qui a été et de ce qui sera, le lien commun des vieilles royautés et des jeunes nations, le peuple qui se souvient et le peuple qui espère. Le fleuve des siècles peut couler; le passage de l'humanité est assuré; la France est le pont granitique qui portera les générations d'une rive à l'autre.

Qui donc pourrait songer à briser ce pont providentiel? qui donc pourrait songer à détruire ou à démembrer la France? Y échouer serait s'avouer fou. Y réussir serait se faire parricide.

Ce qui inquiète étrangement les couronnes, c'est que la France, par cette puissance de dilatation qui est propre à tous les principes généreux, tend à répandre au dehors sa liberté.

Ici il est besoin de s'entendre.

La liberté est nécessaire à l'homme. On pourrait dire que la liberté est l'air respirable de l'âme humaine. Sous quelque forme que ce soit, il la lui faut. Certes, tous les peuples européens ne sont point complétement libres; mais tous le sont par un côté. Ici c'est la cité qui est libre, là c'est l'individu; ici c'est la place publique, là c'est la vie privée; ici c'est la conscience, là c'est l'opinion. On pourrait dire qu'il y a des nations qui ne respirent que par une de leurs facultés, comme il y a des malades qui ne respirent que d'un poumon. Le jour où cette respiration leur serait interdite ou impossible, la nation et le malade mourraient. En attendant, ils vivent, jusqu'au jour où viendra la pleine santé, c'est-à-dire la pleine liberté. Quelquefois la liberté est dans le climat; c'est la nature qui la fait et qui la donne. Aller demi-nu, le bonnet rouge sur la tête, avec un haillon de toile pour caleçon et un haillon de laine pour manteau; se laisser caresser par l'air chaud, par le soleil rayonnant, par le ciel bleu, par la mer bleue; se coucher à la porte du palais à l'heure même où le roi s'y couche dans l'alcôve royale, et mieux dormir dehors que le roi dedans; faire ce qu'on veut; exister presque sans travail, travailler presque sans fatigue, chanter soir et matin, vivre comme l'oiseau : c'est la liberté du peuple à Naples. Quelquefois la liberté est dans le caractère même de la nation; c'est encore là un don du ciel. S'accouder tout le jour dans une taverne, aspirer le meilleur tabac, humer la meilleure bière, boire le meilleur vin, n'ôter sa pipe de sa bouche que pour y porter son verre, et cependant ouvrir toutes grandes les ailes de son âme, évoquer dans son cerveau les poëtes et les philosophes, dégager de tout la vertu, construire des utopies, déranger le présent, arranger l'avenir, faire éveillé tous les beaux songes qui voilent la laideur des réalités, oublier et se souvenir à la fois, et vivre ainsi, noble, grave, sérieux, le corps dans la fumée, l'esprit dans les chimères : c'est la liberté de l'Allemand. Le Napolitain a la liberté matérielle, l'Allemand a la liberté morale. La liberté du lazzarone a fait Rossini, la liberté de l'Allemand a fait Hoffmann. Nous, Français, nous avons la liberté morale comme l'Allemand, et la liberté politique comme l'Anglais; mais nous n'avons pas la liberté matérielle. Nous sommes esclaves du climat; nous sommes esclaves du travail. Ce mot doux et charmant, *libre comme l'air*, on peut le dire du lazzarone, on ne peut le dire de nous. Ne nous plaignons pas, car la liberté matérielle est la seule qui puisse se passer de dignité; et en France, à ce point d'initiative civilisatrice où la nation est parvenue, il ne suffit pas que l'individu soit libre, il faut encore qu'il soit digne. Notre partage est beau. La France est aussi noble que la noble Allemagne; et, de plus que l'Allemagne, elle a le droit d'appliquer directement la force fécondante de son esprit à l'amélioration des réalités. Les Allemands ont la liberté de la rêverie; nous avons la liberté de la pensée.

Mais, pour que la libre pensée soit contagieuse, il faut que les peuples aient subi de longues préparations, plus divines encore qu'humaines. Ils n'en sont pas là. Le jour où ils en seront là, la pensée française, mûrie par tout ce qu'elle aura vu et tout ce qu'elle aura fait, loin de perdre les rois, les sauvera.

C'est du moins notre conviction profonde.

A quoi bon donc gêner et amoindrir cette France, qui sera peut-être dans l'avenir la providence des nations?

A quoi bon lui refuser ce qui lui appartient?

On se souvient que nous n'avons voulu chercher de ce problème que la solution pacifique; mais, à la rigueur, n'y en aurait-il pas une autre? Il y a déjà, dans le plateau de la balance où se pèsera un jour la question du Rhin, un grand poids, le bon droit de la France. Faudra-t-il donc y jeter aussi cet autre poids terrible, la colère de la France?

Nous sommes de ceux qui pensent fermement et qui espèrent qu'on n'en viendra point là.

Qu'on songe à ce que c'est que la France.

Vienne, Berlin, Saint-Pétersbourg, Londres, ne sont que des villes; Paris est un cerveau.

Depuis vingt-cinq ans, la France mutilée n'a cessé de grandir de cette grandeur qu'on ne voit pas avec les yeux de la chair, mais qui est la plus réelle de toutes, la grandeur intellectuelle. Au moment où nous sommes, l'esprit français se substitue peu à peu à la vieille âme de chaque nation.

Les plus hautes intelligences qui, à l'heure qu'il est, représentent pour l'univers entier la politique, la littérature, la science et l'art, c'est la France qui les a et qui les donne à la civilisation.

La France aujourd'hui est puissante autrement, mais autant qu'autrefois.

Qu'on la satisfasse donc. Surtout qu'on réfléchisse à ceci :

L'Europe ne peut être tranquille tant que la France n'est pas contente.

Et après tout, enfin, quel intérêt pourrait avoir l'Europe à ce que la France, inquiète, comprimée, à l'étroit dans des frontières contre nature, obligée de chercher une issue à la séve qui bouillonne en elle, devînt forcément, à défaut d'autre rôle, une Rome de la civilisation future, affaiblie matériellement, mais moralement agrandie; métropole de l'humanité, comme l'autre Rome l'est de la chrétienté, regagnant en influence plus qu'elle n'aurait perdu en territoire, retrouvant sous une autre forme la suprématie qui lui appartient et qu'on ne lui enlèvera pas, remplaçant sa vieille prépondérance militaire par un formidable pouvoir spirituel qui ferait palpiter le monde, vibrer les fibres de chaque homme et trembler les planches de chaque trône; toujours inviolable par son épée, mais reine désormais par son clergé littéraire, par sa langue universelle au dix-neuvième siècle comme le latin l'était au douzième, par ses journaux, par ses livres, par son initiative centrale, par les sympathies, secrètes ou publiques, mais profondes, des nations; ayant ses grands écrivains pour papes, et quel pape qu'un Pascal! ses grands sophistes pour antechrists, et quel antechrist qu'un Voltaire! tantôt éclairant, tantôt éblouissant, tantôt embrasant le continent avec sa presse, comme le faisait Rome avec sa chaire, comprise parce qu'elle serait écoutée, obéie parce qu'elle serait crue, indestructible parce qu'elle aurait une racine dans le cœur de chacun, déposant des dynasties au nom de la liberté, excommuniant des rois de la grande communion humaine, dictant des chartes-évangiles, promulguant des brefs populaires, lançant des idées et fulminant des révolutions?

XVI

Récapitulons.

Il y a deux cents ans, deux États envahisseurs pressaient l'Europe.

En d'autres termes, deux égoïsmes menaçaient la civilisation.

Ces deux États, ces deux égoïsmes, étaient la Turquie et l'Espagne.

L'Europe s'est défendue.

Ces deux États sont tombés.

Aujourd'hui le phénomène alarmant se reproduit.

Deux autres États, assis sur les mêmes bases que

les précédents, forts des mêmes forces et mus du même mobile, menacent l'Europe.

Ces deux États, ces deux égoïsmes, sont la Russie et l'Angleterre.

L'Europe doit se rendre.

L'ancienne Europe, qui était d'une construction compliquée, est démolie ; l'Europe actuelle est d'une forme plus simple. Elle se compose essentiellement de la France et de l'Allemagne, double centre auquel doit s'appuyer au nord comme au midi le groupe des nations.

L'alliance de la France et de l'Allemagne, c'est la constitution de l'Europe. L'Allemagne, adossée à la France, arrête la Russie; la France, amicalement adossée à l'Allemagne, arrête l'Angleterre.

La désunion de la France et de l'Allemagne, c'est la dislocation de l'Europe. L'Allemagne hostilement tournée vers la France laisse entrer la Russie; la France hostilement tournée vers l'Allemagne laisse pénétrer l'Angleterre.

Donc, ce qu'il faut aux deux États envahisseurs, c'est la désunion de l'Allemagne et de la France.

Cette désunion a été préparée et combinée habilement en 1815 par la politique russe-anglaise.

Cette politique a créé un motif permanent d'animosité entre les deux nations centrales.

Ce motif d'animosité, c'est le don de la rive gauche du Rhin à l'Allemagne. Or, cette rive gauche appartient naturellement à la France.

Pour que la proie fût bien gardée, on l'a donnée au plus jeune et au plus fort des peuples allemands, à la Prusse.

Le congrès de Vienne a posé des frontières sur les nations comme des harnais de hasard et de fantaisie, sans même les ajuster. Celui qu'on a mis alors à la France accablée, épuisée et vaincue, est une chemise de gêne et de force; il est trop étroit pour elle. Il la gêne et la fait saigner.

Grâce à la politique de Londres et de Saint-Pétersbourg, depuis vingt-cinq ans nous sentons l'ardillon de l'Allemagne dans la plaie de la France.

De là, en effet, entre les deux peuples, faits pour s'entendre et pour s'aimer, une antipathie qui pourrait devenir une haine.

Pendant que les deux nations centrales se craignent, s'observent et se menacent, la Russie se développe silencieusement, l'Angleterre s'étend dans l'ombre.

Le péril croît de jour en jour. Une sape profonde est creusée. Un grand incendie couve peut-être dans les ténèbres. L'an dernier, grâce à l'Angleterre, le feu a failli prendre en Europe.

Or, qui pourrait dire ce que deviendrait l'Europe dans cet embrasement, pleine comme elle est d'esprits, de têtes et de nations combustibles?

La civilisation périrait.

Elle ne peut périr. Il faut donc que les deux nations centrales s'entendent.

Heureusement, ni la France ni l'Allemagne ne sont égoïstes. Ce sont deux peuples sincères, désintéressés et nobles ; jadis nations de chevaliers, aujourd'hui nations de penseurs ; jadis grands par l'épée, aujourd'hui grands par l'esprit. Leur présent ne démentira pas leur passé ; l'esprit n'est pas moins généreux que l'épée.

Voici la solution : abolir tout motif de haine entre les deux peuples ; fermer la plaie faite à notre flanc en 1815 ; effacer les traces d'une réaction violente ; rendre à la France ce que Dieu lui a donné, la rive gauche du Rhin.

A cela deux obstacles.

Un obstacle matériel : la Prusse. Mais la Prusse comprendra tôt ou tard que, pour qu'un État soit fort, il faut que toutes ses parties soit soudées entre elles ; que l'homogénéité vivifie, et que le morcellement tue ; qu'elle doit tendre à devenir le grand royaume septentrional de l'Allemagne ; qu'il lui faut des ports libres, et que, si beau que soit le Rhin, l'Océan vaut mieux.

D'ailleurs, dans tous les cas, elle garderait la rive droite du Rhin.

Un obstacle moral : les défiances que la France inspire aux rois européens, et par conséquent la nécessité apparente de l'amoindrir. Mais c'est là précisément qu'est le péril. On n'amoindrit pas la France, on ne fait que l'irriter. La France irritée est dangereuse. Calme, elle procède par le progrès; courroucée, elle peut procéder par les révolutions.

Les deux obstacles s'évanouiront.

Comment? Dieu le sait. Mais il est certain qu'ils s'évanouiront.

Dans un temps donné, la France aura sa part du Rhin et ses frontières naturelles.

Cette solution constituera l'Europe, sauvera la sociabilité humaine et fondera la paix définitive.

Tous les peuples y gagneront. L'Espagne, par exemple, qui est restée illustre, pourra redevenir puissante. L'Angleterre voudrait faire de l'Espagne le marché de ses produits, le point d'appui de sa navigation; la France voudrait faire de l'Espagne la sœur de son influence, de sa politique et de sa civilisation. Ce sera à l'Espagne de choisir : continuer de descendre, ou commencer à remonter; être une annexe à Gibraltar, ou être le contre-fort de la France.

L'Espagne choisira la grandeur.

Tel est, selon nous, pour le continent entier, l'inévitable avenir, déjà visible et distinct dans le crépuscule des choses futures.

Une fois le motif de haine disparu, aucun peuple n'est à craindre pour l'Europe. Que l'Allemagne

hérisse sa crinière et pousse son rugissement vers
l'Orient; que la France ouvre ses ailes et secoue sa
foudre vers l'Occident. Devant le formidable accord
du lion et de l'aigle, le monde obéira.

XVII

Qu'on ne se méprenne pas sur notre pensée : nous estimons que l'Europe doit, à toute aventure, veiller aux révolutions et se fortifier contre les guerres; mais nous pensons en même temps que si aucun accident hors des prévisions naturelles ne vient troubler la marche majestueuse du dix-neuvième siècle, la civilisation, déjà sauvée de tant d'orages et de tant d'écueils, ira s'éloignant de plus en plus chaque jour de cette Charybde qu'on appelle guerre et de cette Scylla qu'on appelle révolution.

Utopie, soit. Mais, qu'on ne l'oublie pas, quand

elles vont au même but que l'humanité, c'est-à-dire vers le bon, le juste et le vrai, les utopies d'un siècle sont les faits du siècle suivant. Il y a des hommes qui disent : *Cela sera;* et il y a d'autres hommes qui disent : *Voici comment.* La paix perpétuelle a été un rêve jusqu'au jour où le rêve s'est fait chemin de fer et a couvert la terre d'un réseau solide, tenace et vivant. Watt est le complément de l'abbé de Saint-Pierre.

Autrefois, à toutes les paroles des philosophes on s'écriait : *Songes et chimères qui s'en iront en fumée.* — Ne rions plus de la fumée; c'est elle qui mène le monde.

Pour que la paix perpétuelle fût possible et devînt de théorie réalité, il fallait deux choses : un véhicule pour le service rapide des intérêts, et un véhicule pour l'échange rapide des idées; en d'autres termes, un mode de transport uniforme, unitaire et souverain, et une langue générale. Ces deux véhicules, qui tendent à effacer les frontières des empires et des intelligences, l'univers les a aujourd'hui : le premier, c'est le chemin de fer; le second c'est la langue française.

Tels sont au dix-neuvième siècle, pour tous les peuples en voie de progrès, les deux moyens de communication, c'est-à-dire de civilisation, c'est-à-dire de paix. On va en wagon et l'on parle français.

Le chemin de fer règne par la toute-puissance de sa rapidité; la langue française, par sa clarté, ce qui est la rapidité d'une langue, et par la suprématie séculaire de sa littérature.

Détail remarquable, qui sera presque incroyable pour l'avenir, et qu'il est impossible de ne pas signaler en passant : de tous les peuples et de tous les gouvernements qui se servent aujourd'hui de ces deux admirables moyens de communication et d'échange, le gouvernement de la France est celui qui paraît s'être le moins rendu compte de leur efficacité. A l'heure où nous parlons, la France a à peine quelques lieues de chemins de fer. En 1837, on a donné un petit railway comme un joujou à ce grand enfant qui se nomme Paris; et pendant quatre ans on s'en est tenu là. Quant à la langue française, quant à la littérature française, elle brille et resplendit pour tous les gouvernements et pour toutes les nations, excepté pour le gouvernement français. La France a eu et la France a encore la première littérature du monde. Aujourd'hui même, nous ne nous lasserons pas de le répéter, notre littérature n'est pas seulement la première; elle est la seule. Toute pensée qui n'est pas la sienne s'est éteinte; elle est plus vivante et plus vivace que jamais. Le gouvernement actuel semble l'ignorer, et se conduit en conséquence; et c'est là, nous le lui disons avec une profonde bienveillance et une sincère sympathie, une des plus grandes fautes qu'il ait commises depuis onze ans. Il est temps qu'il ouvre les yeux; il est temps qu'il se préoccupe, et qu'il se préoccupe sérieusement, des nouvelles générations, qui sont littéraires aujourd'hui comme elles étaient militaires sous l'empire. Elles arrivent sans colère, parce qu'elles sont pleines de pensées; elles arrivent la lumière à la main; mais, qu'on y songe, nous l'avons dit tout à l'heure en d'autres termes, ce qui peut éclairer peut aussi incendier. Qu'on les accueille donc et qu'on leur donne leur place. L'art est un pouvoir; la littérature est une puissance. Or, il faut respecter ce qui est pouvoir, et ménager ce qui est puissance.

Reprenons. Dans notre pensée donc, si l'avenir amène ce que nous attendons, les chances de guerre et de révolution iront diminuant de jour en jour. A notre sens, elles ne disparaîtront jamais tout à fait. La paix universelle est une hyperbole dont le genre humain suit l'asymptote.

Suivre cette radieuse asymptote, voilà la loi de l'humanité. Au dix-neuvième siècle toutes les nations y marchent ou y marcheront, même la Russie, même l'Angleterre.

Quant à nous, à la condition que l'Europe centrale fût constituée comme nous l'avons indiqué plus haut, nous sommes de ceux qui verraient sans jalousie et sans inquiétude la Russie, que le Caucase arrête en ce moment, faire le tour de la mer

Noire, et, comme jadis les Turcs, ces autres hommes du Nord, arriver à Constantinople par l'Asie Mineure. Nous l'avons déjà dit, la Russie est mauvaise à l'Europe et bonne à l'Asie. Pour nous elle est obscure, pour l'Asie elle est lumineuse; pour nous elle est barbare, pour l'Asie elle est chrétienne. Les peuples ne sont pas tous éclairés au même degré et de la même façon : il fait nuit en Asie; il fait jour en Europe. La Russie est une lampe.

Qu'elle se tourne donc vers l'Asie, qu'elle y répande ce qu'elle a de clarté, et, l'empire ottoman écroulé, grand fait providentiel qui sauvera la civilisation, qu'elle rentre en Europe par Constantinople. La France, rétablie dans sa grandeur, verra avec sympathie la croix grecque remplacer le croissant sur le vieux dôme byzantin de Sainte-Sophie. Après les Turcs, les Russes; c'est un pas.

Nous croyons que le noble et pieux empereur qui conduit, au moment où nous sommes, tant de millions d'habitants vers de si belles destinées, est digne de faire ce grand pas; et quant à nous, nous le lui souhaitons sincèrement. Mais qu'il y songe, le traitement cruel qu'a subi la Pologne peut être un obstacle à son peuple dans le présent et une objection à sa gloire devant la postérité. Le cri de la Grèce a soulevé l'Europe contre la Turquie. Ceci est pour l'empire. Le Palatinat a terni Turenne. Ceci est pour l'empereur.

Quand on approfondit le rôle que joue l'Angleterre dans les affaires universelles et en particulier sa guerre, tantôt sourde, tantôt flagrante, mais perpétuelle, avec la France, il est impossible de ne pas songer à ce vieil esprit punique qui a si longtemps lutté contre l'antique civilisation latine. L'esprit punique, c'est l'esprit de marchandise, l'esprit d'aventure, l'esprit de navigation, l'esprit de lucre, l'esprit d'égoïsme, et puis c'est autre chose encore, c'est l'esprit punique. L'histoire le voit poindre au fond de la Méditerranée, en Phénicie, à Tyr et à Sidon. Il est antipathique à la Grèce, qui le chasse. Il part, longe la côte d'Afrique, y fonde Carthage, et de là cherche à entamer l'Italie. Scipion le combat, en triomphe et croit l'avoir détruit. Erreur! le talon du consul n'a écrasé que des murailles; l'esprit punique a survécu. Carthage n'est pas morte. Depuis deux mille ans elle rampe autour de l'Europe. Elle s'est d'abord installée en Espagne, où elle semble avoir retrouvé dans sa mémoire le souvenir phénicien du *monde perdu;* elle a été chercher l'Amérique à travers les mers, s'en est emparée, et, nous avons vu comment, crénelée dans la péninsule espagnole, elle a saisi un moment l'univers entier. La Providence lui a fait lâcher prise. Maintenant elle est en Angleterre; elle a de nouveau enveloppé le monde, elle le tient, et elle menace l'Europe. Mais si Carthage s'est déplacée, Rome s'est déplacée aussi.

Carthage l'a retrouvée vis-à-vis d'elle, comme jadis, sur la rive opposée. Autrefois Rome s'appelait *Urbs*, surveillait la Méditerranée et regardait l'Afrique; aujourd'hui Rome se nomme Paris, surveille l'Océan et regarde l'Angleterre.

Cet antagonisme de l'Angleterre et de la France est si frappant, que toutes les nations s'en rendent compte. Nous venons de le représenter par Carthage et Rome; d'autres l'ont exprimé différemment, mais toujours d'une manière frappante et en quelque sorte visible. *L'Angleterre est le chat*, disait le grand Frédéric, *la France est le chien. En droit*, dit le légiste Houard, *les Anglais sont des juifs, les Français des chrétiens.* Les sauvages mêmes semblent sentir vaguement cette profonde antithèse des deux grandes nations policées. *Le Christ*, disent les Indiens de l'Amérique, *était un Français que les Anglais crucifièrent à Londres. Ponce Pilate était un officier au service de l'Angleterre.*

Eh bien, notre foi à l'inévitable avenir est si religieuse, nous avons pour l'humanité de si hautes ambitions et de si fermes espérances, que, dans notre conviction, Dieu ne peut manquer un jour de détruire, en ce qu'il a de pernicieux du moins, cet antagonisme des deux peuples, si radical qu'il semble et qu'il soit.

Infailliblement ou l'Angleterre périra sous la réaction formidable de l'univers, où elle comprendra que le temps des Carthages n'est plus. Selon nous, elle comprendra. Ne fût-ce qu'au point de vue de la spéculation, la foi punique est une mauvaise enseigne; la perfidie est un fâcheux prospectus. Prendre constamment en traître l'humanité entière, c'est dangereux; n'avoir jamais qu'un vent dans sa voile, son intérêt propre, c'est triste; toujours venir en aide au fort contre le faible, c'est lâche; railler sans cesse ce qu'on appelle la *politique sentimentale*, et ne jamais rien donner à l'honneur, à la gloire, au dévouement, à la sympathie, à l'amélioration du sort d'autrui, c'est un petit rôle pour un grand peuple. L'Angleterre le sentira.

Les îles sont faites pour servir les continents, non pour les dominer; les navires sont faits pour servir les villes, qui sont le premier chef-d'œuvre de l'homme; le navire n'est que le second. La mer est un chemin, non une patrie. La navigation est un moyen, non un but; surtout elle n'est pas son propre but à elle-même. Si elle ne porte pas la civilisation, que l'Océan l'engloutisse!

Que le réseau des innombrables sillages de toutes les marines se joigne et se soude bout à bout au réseau de tous les chemins de fer pour continuer sur l'Océan l'immense circulation des intérêts, des perfectionnements et des idées; que par ces mille veines la sociabilité européenne se répande aux extrémités de la terre; que l'Angleterre même ait la première de ces marines pourvu que la France ait la seconde, rien de mieux. De cette façon l'Angleterre suivra sa loi tout en suivant la loi générale. De cette façon, le principe vivifiant du globe sera représenté par trois nations : l'Angleterre, qui aura l'activité commerciale; l'Allemagne, qui aura l'expansion morale; la France, qui aura le rayonnement intellectuel.

On le voit, notre pensée n'exclut personne. La Providence ne maudit et ne déshérite aucun peuple. Selon nous, les nations qui perdent l'avenir le perdent par leur faute.

Désormais, éclairer les nations encore obscures, ce sera la fonction des nations éclairées. Faire l'éducation du genre humain, c'est la mission de l'Europe.

Chacun des peuples européens devra contribuer à cette sainte et grande œuvre dans la proportion de sa propre lumière. Chacun devra se mettre en rapport avec la portion de l'humanité sur laquelle il peut agir. Tous ne sont pas propres à tout.

La France, par exemple, saura mal coloniser et n'y réussira qu'avec peine. La civilisation complète, à la fois délicate et pensive, humaine en tout, et, pour ainsi parler, à l'excès, n'a absolument aucun point de contact avec l'état sauvage. Chose étrange à dire et bien vraie pourtant, ce qui manque à la France en Alger, c'est un peu de barbarie. Les Turcs allaient plus vite, plus sûrement et plus loin ; ils savaient mieux couper des têtes.

La première chose qui frappe le sauvage, ce n'est pas la raison, c'est la force.

Ce qui manque à la France, l'Angleterre l'a ; la Russie également.

Elles conviennent pour le premier travail de la civilisation; la France pour le second. L'enseignement des peuples a deux degrés, la colonisation et la civilisation ; l'Angleterre et la Russie coloniseront le monde barbare; la France civilisera le monde colonisé.

XVIII

Qu'on nous permette en terminant de déplacer un peu, pour donner passage à une réflexion dernière, le point de vue spécial d'où cet aperçu a été consciencieusement tracé. Si grandes et si nobles que soient les idées qui font les nationalités et qui groupent les continents, on sent partout, quand on les a parcourues, le besoin de s'élever encore plus haut et d'aborder quelqu'une de ces lois générales de l'humanité qui régissent aussi bien le monde moral que le monde matériel, et qui fécondent, en s'y superposant çà et là, les idées nationales et continentales.

Rien dans ce que nous allons dire ne dément et n'infirme; tout, au contraire, corrobore ce que nous venons de dire dans les pages qu'on a lues. Seulement nous embrassons cela et autre chose encore. C'est, avant de finir, un dernier conseil qui s'adresse aux esprits spéculatifs et métaphysiques aussi bien qu'aux hommes pratiques. En montant d'idée en idée, nous sommes arrivé au sommet de notre pensée; c'est, avant de redescendre, un dernier coup d'œil sur cet horizon élargi. Rien de plus.

Autrefois, du temps où vivaient les antiques sociétés, le Midi gouvernait le monde, et le Nord le bouleversait; de même, dans un ordre de faits différent, mais parallèle, l'aristocratie, riche, éclairée et heureuse, menait l'État, et la démocratie, pauvre, sombre et misérable, le troublait. Si diverses que soient en apparence, au premier coup d'œil, l'histoire extérieure et l'histoire intérieure des nations depuis trois mille ans, au fond de ces deux histoires il n'y a qu'un seul fait : la lutte du malaise contre le bien-être. A de certains moments les peuples mal situés dérangent l'ordre européen, les classes mal partagées dérangent l'ordre social. Tantôt l'Europe, tantôt l'État, sont brusquement et violemment attaqués, l'Europe par ceux qui ont froid, l'État par ceux qui ont faim; c'est-à-dire l'une par le Nord, l'autre par le peuple. Le Nord procède par invasions, et le peuple par révolutions. De là vient qu'à de certaines époques, la civilisation s'affaisse et disparaît momentanément sous d'effrayantes irruptions de barbares, venant les unes du dehors, les autres du dedans; les unes accourant vers le Midi du fond du continent, les autres montant vers le pouvoir du bas de la société. Les intervalles qui séparent ces grandes et, disons-le, ces fécondes, quoique douloureuses catastrophes, ne sont autre chose que la mesure de la patience humaine marquée par la Providence dans l'histoire. Ce sont des chiffres posés là pour aider à la solution de ce sombre problème : Combien de temps une portion de l'humanité peut-elle supporter le froid? Combien de temps une portion de la société peut-elle supporter la faim?

Aujourd'hui pourtant il semble s'être révélé une loi nouvelle, qui date, pour le premier ordre de faits, de l'abaissement de la monarchie espagnole, et, pour le second, de la transformation de la monarchie française. On dirait que la Providence, qui tend sans cesse vers l'équilibre, et qui corrige par des amoindrissements continuels les oscillations trop violentes de l'humanité, veut peu à peu retirer aux régions extrêmes dans l'Europe et aux classes extrêmes dans l'État cet étrange droit de voie de fait qu'elles s'étaient arrogé jusqu'ici, les unes pour tyranniser et pour exclure, les autres pour agiter et pour détruire. Le gouvernement du monde semble appartenir désormais aux régions tempérées et aux classes moyennes ; Charles-Quint a été le dernier grand représentant de la domination méridionale, comme Louis XIV le dernier grand représentant de la monarchie exclusive. Cependant, quoique le Midi ne règne plus sur l'Europe, quoique l'aristocratie ne règne plus sur la société, ne l'oublions pas, les classes moyennes et les nations intermédiaires ne peuvent garder le pouvoir qu'à la condition d'ouvrir leurs rangs. Des masses profondes sommeillent et souffrent dans les régions extrêmes et attendent, pour ainsi dire, leur tour. Le Nord et le peuple sont les réservoirs de l'humanité. Aidons-les à s'écouler tranquillement vers les lieux, vers les choses et vers les idées qu'ils doivent féconder. Ne les laissons pas déborder. Offrons, à la fois par prudence et par devoir, une issue large et pacifique aux nations mal situées vers les zones favorisées du soleil, et aux classes mal partagées vers les jouissances sociales. Supprimons le malaise partout; ce serait supprimer les causes de guerres dans le continent et les causes de révolutions dans l'État. Pour la politique intérieure comme pour la politique extérieure, pour les nations entre elles comme pour les classes dans le pays, pour l'Europe comme pour la société, le secret de la paix est peut-être dans un seul mot : donner au Nord sa part de Midi, et au peuple sa part de pouvoir.

Paris, écrit en juillet 1841.

FIN DU TROISIÈME ET DERNIER VOLUME

TABLE

TABLE

DU TROISIÈME VOLUME

LETTRE XXIX

Ce qu'on voit d'une fenêtre de la maison Rouge. — Parallèle entre le postillon badois et le postillon français, où l'auteur ne se montre pas aveuglé par l'amour-propre national. — Une nuit horrible. — Nouvelle manière d'être tiré à quatre chevaux. — Description complète et détaillée de la ville de Sézanne. — Peinture approfondie et minutieuse de Phalsbourg. — Vitry-sur-Marne. — Bar-le-Duc. — L'auteur fait des platitudes aux naïades. — Tout être a l'odeur de ce qu'il mange. — Théorie de l'architecture et du climat. — Haute statistique à propos des confitures de Bar. — L'auteur songe à une chose qui faisait la joie d'une enfant. — Paysages. — Ligny. — Toul. — La cathédrale. — L'auteur dit son fait à la cathédrale d'Orléans. — Nancy. — Croquis galant de la place de l'Hôtel de ville. — Théorie et apologie du rococo. — Réveil en malle-poste au point du jour. — Vision magnifique. — La côte de Saverne. — Paragraphe qui commence dans le ciel et qui finit dans un plat à barbe. — Les paysans. — Les rouliers. — Wasselonne. — La route tourne. — Apparition du Munster 5

LETTRE XXX

STRASBOURG

La cathédrale.— La façade.— L'abside.— L'auteur s'exprime avec une extrême réserve sur le compte de Son Éminence monseigneur le cardinal de Rohan, évêque de Strasbourg.— Les vitraux.— La chaire.— Les fonts baptismaux.— Deux tombeaux.— Quelques âneries à propos d'un Anglais. — Le bras gauche de la croix.— Le bras droit. — Le suisse malvenu et malmené. — Le Munster. — Qui l'auteur rencontre en y montant. — L'auteur sur le Munster. — Strasbourg à vol d'oiseau. — Panorama. — Statues des deux architectes du clocher de Strasbourg. — Saint-Thomas. — Le tombeau du maréchal de Saxe. — Autres tombeaux. — Au-dessus du prêtre, le curé; au-dessus du curé, l'évêque; au-dessus de l'évêque, le cardinal; au-dessus du cardinal, le pape; au-dessus du pape, le sacristain. — Le gros bedeau joufflu offre à l'auteur de le conduire dans une cachette. — Un comte de Nassau et une comtesse de Nassau sous verre. — Quelle est la dernière humiliation réservée à l'homme......... 23

LETTRE XXXI

FREIBURG EN BRISGAW

Profil pittoresque d'une malle-poste badoise. — Quelle clarté les lanternes de cette malle jettent sur le pays de M. de Bade.— Encore un réveil au point du jour. — L'auteur est outré des insolences d'un petit nain gros comme une noix qui s'entend avec un écrou mal graissé pour se moquer de lui. — Ciel du matin. — Vénus. — Ce qui se dresse tout à coup sur le ciel. — Entrée à Freiburg. — Commencement d'une aventure étrange. — Le voyageur, n'ayant plus le sou et ne sachant que devenir, regarde une fontaine. — Suite de l'aventure étrange. — Mystères de la maison où il y avait une lanterne allumée. — Les spectres à table. — Le voyageur se livre à divers exorcismes. — Il a la bonne idée de prononcer un mot magique. — Effet de ce mot. — La fille pâle. — Dialogue effrayant et laconique du voyageur et de la fille pâle. — Dernier prodige. — Le voyageur sauvé miraculeusement rend témoignage à la grandeur de Dieu. — N'est-il pas évident que baragouiner le latin et estropier l'espagnol, c'est savoir l'allemand ? — L'*hôtel de la Cour de Zæhringen*. — Ce que le voyageur avait fait la veille. — Histoire attendrissante de la jolie comédienne et des douaniers qui lui font payer dix-sept sous. — Le Munster de Freiburg comparé au Munster de Strasbourg. — Un peu d'archéologie. — La maison qui est près de l'église. — Parallèle sérieux et impartial au point de vue du goût, de l'art et de la science, entre les membres des conseils municipaux de France et d'Allemagne et les sauvages de la mer du Sud. — Quel est le badigeonnage qui réussit et qui prospère sur les bords du Rhin. — L'église de Freiburg. — Les verrières. — La chaire. — L'auteur bâtonne les architectes sur l'échine des marguilliers. — Tombeau du duc Bertholdus. — Si jamais ce duc se présente chez l'auteur, le portier a ordre de ne point le laisser monter. — Sarcophages. — Le chœur. — Les chapelles de l'abside. — Tombeau des ducs de Zæhringen. — L'auteur déroge à toutes ses habitudes et ne monte pas au clocher. — Pourquoi. — Il monte plus haut. — Freiburg à vol d'oiseau. — Grand aspect de la nature. — L'autre vallée. — Quatre lignes qui sont d'un gourmand........ 37

LETTRE XXXII

BALE

Paysage. — Profil des compagnons de voyage de l'auteur. — Joli costume des jeunes filles. — Ce qu'un philosophe peut conduire. — Ici le lecteur voit passer un peu de forêt Noire. — Bâle. — L'hôtel de la Cigogne. — Théorie des fontaines. — Tombeau d'Érasme. — Autres tombeaux...................... 57

LETTRE XXXIII

BALE

La Plume et le Canif, élégie. — Frick. — Bâle. — La cathédrale. — Indignation du voyageur. — Le badigeonnage. — Les flèches. — La façade. — Les deux seuls saints qui aient des chevaux. — Le portail de gauche. — La rosace. — Le portail de droite. — Le cloître. — Regret amer au cloître de Saint-Wandrille. — Luxe des tombeaux. — Intérieur de l'église. — Les stalles. — La chaire. — La crypte. — Peur qu'on y a. — Les archives. — Le haut des clochers. — Bâle à vol d'oiseau. — Promenade dans la ville. — Ce que l'architecture locale a de particulier. — La maison des armuriers. — L'hôtel de ville. — Munatius Plancus. — L'auteur rencontre avec plaisir le valet de trèfle à la porte d'une auberge. — L'archéologie serait perdue si les servantes ne venaient pas au secours des antiquaires. — La bibliothèque. — Holbein partout. — La table de la diète. — Soins admirables et exemplaires des bibliothécaires de Bâle pour un tableau de Rubens. — Remarque importante et dernière sur la bibliothèque. — Fin de l'élégie de la Plume et du Canif.................. 65

LETTRE XXXIV

ZURICH

L'auteur entend un tapage nocturne, se penche et reconnaît que c'est une révolution. — Sérénité de la nuit. — Vénus. — Choses violentes mêlées aux petites choses. — Enceinte murale de Bâle. — Quel succès les Bâlois obtiennent dans le redoutable fossé de leur ville. — Familiarités hardies de l'auteur avec une gargouille. — Les portes de Bâle. — L'armée de Bâle. — Une fontaine en mauvais lieu. — Route de Bâle à Zurich. — Creuzach. — Augst. — L'Ergolz. — Warmbach. — Rhinfelden. — Une fontaine en bon lieu. — L'auteur prend place parmi les chimistes... 79

LETTRE XXXV

ZURICH

Paysage. — Tableaux flamands en Suisse. — La vache. — Le cheval qui ne se cabre jamais. — Le rustre qui se comporte avec le beau sexe comme s'il était élève de Buckingham. — La ruche et la cabane. — Microcosme. — Le grand et le petit. — Sekingen. — La vallée de l'Aar. — Quelle ruine fameuse la domine. — Brugg. — L'auteur, après une longue et patiente étude, donne une foule de détails scientifiques et importants touchant la *tête de Hun* qui est sculptée dans la muraille de Brugg. — Costumes et coutumes. — Les femmes et les hommes à Brugg. — Chose qui se comprend partout, excepté à Brugg. — L'auteur décrit, dans l'intérêt de l'art, une coiffure qui est à toutes les coiffures connues ce que l'ordre composite est aux quatre ordres réguliers. — Danger de mal prononcer le premier mot d'une proclamation. — Baden. — La Limmat. — Fontaine qui ressemble à une arabesque dessinée par Raphaël. — *Aquæ verbigenæ.* — Soleil couchant. — Paysage. — Sombre vision et sombre souvenir. — Les villages. — Théorie de la chaumière zuriquoise. — Le voyageur s'endort dans la voiture. — Où et comment il se réveille. — Une crypte comme il n'en a jamais vu. — Zurich au grand jour. — L'auteur dit beaucoup de mal de la ville et beaucoup de bien du lac. — La gondole-fiacre. — L'auteur s'explique l'émeute de Zurich. — Le fond du lac. — A qui la ville de Zurich doit beaucoup plaire. — Qu'est devenue la tour de Wellemberg ? — L'auteur cherche à nuire à *l'hôtel de l'Épée* par la raison qu'il y a été fort mal. — Un vers de Ronsard dont l'hôtelier pourrait faire son enseigne. — Étymologie, archéologie, topographie, érudition, citation et économie politique en huit lignes. — Où l'auteur prouve qu'il a les bras longs........................ 89

LETTRE XXXVI

ZURICH

Il pleut. — Description d'une chambre. — Reflet du dehors dans l'intérieur. — Le voyageur prend le parti de fouiller dans les armoires. — Ce qu'il y trouve. — *Amours secrètes et aventures honteuses de Napoléon Buonaparté.* — Le livre. — Les estampes. — 1814. — 1840. — Choses curieuses. — Choses sérieuses. — Il pleut........................... 107

LETTRE XXXVII

SCHAFFHAUSEN

Vue de Schaffhouse. — Schaffhausen. — Schaffhouse. — Schaphuse. — Schapfuse. — Shaphusia. — Probatopolis. — Effroyable combat et mêlée terrible des érudits et des antiquaires. — Deux des plus redoutables s'attaquent avec furie. — L'auteur a la lâcheté de s'enfuir du champ de bataille, les laissant aux prises. — Le château Munoth. — Ce qu'était Schaffhouse il y a deux cents ans. — Quel était le joyau d'une ville libre. — L'auteur dîne. — Une des innombrables aventures qui arrivent à ceux qui ont la hardiesse de voyager à travers les orthographes des pays. — Calaïsche à la choute. — L'auteur offre tranquillement de faire ce qui eût épouvanté Gargantua...................... 119

LETTRE XXXVIII

LA CATARACTE DU RHIN

Écrit sur place. — Arrivée. — Le château de Laufen. — La cataracte. — Aspect. — Détails. — Causeries du guide. — L'enfant.

— Les stations. — D'où l'on voit le mieux. — L'auteur s'adosse au rocher. — Un décor. — Une signature et un parafe. — Le jour baisse. — L'auteur passe le Rhin. — Le Rhin, le Rhône. — La cataracte en cinq parties. — Le forçat............. 127

LETTRE XXXIX

VÉVEY — CHILLON — LAUSANNE

A. M. LOUIS B.

Ce que l'auteur cherche dans ses voyages. — Vévey. — L'église. — La vieille femme bedeau. — Deux tombeaux. — Edmond Ludlow. — Andrew Broughton. — David. — Les proscrits. — Comparaison des épitaphes. — Philosophie. — Un troisième tombeau. — L'apothicaire. — Néant des choses humaines proclamé par celui qui a passé sa vie à poursuivre M. de Pourceaugnac. — Le soir. — Souvenirs de jeunesse. — Vaugirard et Meillerie. — Paysage. — Clair de lune. — Histoire. — Traces de tous les peuples en Suisse. — Les Grecs. — Les Romains. — Les Huns. — Les Hongrois. — Chillon. — Le château. — Une femme française. — La crypte. — Les trois souterrains. — Détails sinistres. — Le gibet. — Les cachots. — Bonnivard. — La cage donne la même allure au penseur et à la bête fauve. — Touchante et lugubre histoire de Michel Cotié. — Ses dessins sur la muraille. — Impuissance démontrée de saint Christophe. — Nom de lord Byron gravé par lui-même sur un pilier. — Détails. — La voûte devient bleue. — Magnificences secrètes et générosités cachées de la nature. — Les martins-pêcheurs. — Sept colonnes ; sept cellules. — Trois cachots superposés. — Peintures faites par les prisonniers. — Les oubliettes. — Ce qu'on y a trouvé. — La cave comblée. — Permission refusée à lord Byron. — L'auteur descend dans le caveau où Byron n'a pas pu entrer. — Ce qu'il y avait. — Le duc Pierre de Savoie. — Encore la destinée des sarcophages. — Le cimetière. — La chapelle. — La chambre des ducs de Savoie. — Intérieur. — Ce qu'en ont fait les gens de Berne. — La fenêtre. — La porte. — Traces de l'assaut. — Quel oiseau passait son bec par le trou qui est au bas de la porte. — La salle de justice. — De quoi elle est meublée aujourd'hui. — La chambre de la torture. — La grosse poutre. — Les trois trous. — Affreux détails. — Une particularité du château de Chillon. — L'auteur démontre que les petits oiseaux n'ont pas la moindre idée de l'invention de l'artillerie. — Ludlow et Bonnivard confrontés. — Lausanne. — Ce que Paris a de plus que Vévey. — Le mauvais goût calviniste. — Lausanne enlaidie par les embellisseurs. — L'hôtel de ville. — Le château des baillis. — La cathédrale. — Vandalisme. — Quelques tombeaux. — Le chevalier de Granson. — Pourquoi les mains coupées. — M. de Rebecque. — Lausanne à vol d'oiseau. — Paysage. — Orage de nuit qui s'annonce. — Retour à Paris. 139

CONCLUSION....... 165

FIN DE LA TABLE DU TROISIÈME ET DERNIER VOLUME

PARIS.   IMPRIMERIE DE E. MARTINET, RUE MIGNON, 2.

OEUVRES COMPLÈTES
DE
ALFRED DE MUSSET

10 VOLUMES IN-8° CAVALIER VÉLIN

ORNÉS DU PORTRAIT DE L'AUTEUR

ET DE 28 DESSINS DE BIDA GRAVÉS SUR ACIER

PRIX : **80 FRANCS**

PARIS. — IMPRIMERIE DE E. MARTINET, RUE MIGNON.

www.ingramcontent.com/pod-product-compliance
Lightning Source LLC
Chambersburg PA
CBHW060053190426
43201CB00034B/1332